에드문트 후설

엄밀한 학문성에 의한 철학의 개혁

차례
Contents

후설, 그는 누구인가?

후설 철학의 생소함

에드문트 후설(Edmund Husserl, 1859~1938)이라는 이름은 독일철학사, 나아가 서양철학사에 뚜렷이 각인되어 있다. 많은 철학사가들이 후설을 새로운 철학적 방법론인 현상학(Phänomenologie)의 창시자로, 또 20세기 현대철학에 큰 영향을 끼친 인물로 평가하고 있다. 그러나 이러한 철학사적 중요성에 비해 후설의 이름은 다소 덜 알려져 있는 편이다. 일반 대중은 물론이고 철학에 대해 어느 정도 관심이 있는 사람들도 후설, 나아가 후설의 철학에 대해서는 잘 모르는 경우가 많다.

이는 후설이 살았던 독일에서도 상황은 비슷하다. 내가 독일에 유학 갔을 때, 하이데거(Martin Heidegger)는 알아도 후설은 처음 듣는다는 사람들을 자주 보았다. 후설이 하이데거의 스승이었다고 하면, 그제야 비로소 '아~ 그러냐'는 반응이었다. 게다가 현상학에 대해 이야기를 들어본 사람들도 현상학의 실질적 창시자인 후설은 모르는 경우가 태반이었다. 현대철학자라는 점을 고려한다 하더라도 철학사적 영향력에 비해 후설의 대중적 인지도는 상대적으로 낮은 편이다. 동시대의 니체와 키에르케고르, 하이데거, 사르트르, 푸코, 데리다 등의 다른 현대철학자에 비해서도 후설은 분명 우리에게 덜 알려져 있다. 그 이유는 무엇일까?

수학자에서 철학자의 길로

본래 후설은 수학자로 출발했다. 그의 박사논문도 수학적인 주제에 대해 논하고 있다. 수학이 지니는 학문적 엄밀성과 정밀성은 잘 알려진 사실이다. 후설이 수학자에서 철학자로 전향하게 된 결정적인 계기는 1884년부터 1886년까지 빈 대학에서 수강한 브렌타노(Franz Brentano)의 강의 때문이다. 브렌타노를 통해 후설은 철학도 엄밀한 하나의 학문성을 갖출 수 있다는 확신을 가졌다고 한다. 그리고 바로 이러한 이유에서 후설은 철학에 자신의 일생을 걸만한 가치가 있다고 판단한다. 이에 대해 후설은 나중에 다음과 같이 회고했다.

내게 평생의 작업으로서 철학을 선택할 수 있도록 용기를 준 확신, 즉 철학 또한 진지한 학문의 분야이며 그 또한 가장 엄밀한 학의 정신 속에서 다루어 질 수 있고, 그렇게 다루어져야만 한다는 확신을 갖게 된 것은 바로 브렌타노의 강의를 통해서였다.[1]

엄밀한 학문성에 대한 관심으로 인해 철학으로 전향한 것 때문에 후설의 학문적 삶은 '철학이 지닌 학문성이 어떻게 확보될 수 있는가'에 대한 관심으로 일관되어 있다. 물론 후설의 관심이 오직 여기에만 집중된 것은 아니지만, 그의 전 철학이 철학의 학문성에 대한 요구는 물론, 그것의 실현을 위한 방법론적 노력과 직간접적으로 연관되어 있다는 사실은 부인할 수 없다. 그런 까닭에 후설 철학의 성격 또한 외관상 딱딱하고 건조해 보일 수밖에 없다. 철학 그 자체만으로도 무거운 분위기를 주는데, 여기에 엄밀한 학문성까지 요구한다면 후설의 철학이 얼마나 엄숙한 분위기를 자아내는지 충분히 짐작할 수 있다. 이러한 후설의 철학적 취향은 좀 더 가슴에 와 닿는 이야기를 원하는 일반 대중의 요구에 부응하기가 어려운 게 사실이다. 바로 이 점이 후설 철학이 세상에 덜 알려진 주된 이유일 것이다.

무전제성의 요구

후설의 엄밀한 학에 대한 요구는 그 어느 철학자보다도 집요하고 근본적이다. 후설은 역사상 그 어느 철학도 엄밀한 학이라는 참된 이상을 실현한 적이 없다고 주장한다. 엄밀한 학의 이념은 철학이 처음 출발할 때부터 지녔던 것인데, 이제껏 제대로 구현되지 못했다는 것이 후설의 진단이다. 따라서 후설은 철학이 당연히 갖추어야 할 학문성이 제대로 기능하지 못하고 있음을 자각하고, 도대체 이 원인이 어디에 있는가를 파헤치면서 철학의 역사에 관심을 갖는다. 그의 후기 철학은 특히 이러한 철학사적인 관심에 의해 강하게 이끌렸다.

후설이 말하는 학의 엄밀성이란 방법적 절차의 정확성이나 완전성을 의미하지 않는다. 나아가 전통적인 학적 진리의 기준으로 여겨져 온 객관성을 지향하지도 않는다. 후설의 엄밀성은 탐구하고자 하는 사태 자체에 얼마나 가까운가에 달려있다. 즉, 주어진 사태에 충실해 얼마나 이를 왜곡됨 없이 있는 그대로 받아들이느냐가 후설이 추구하는 학적 엄밀성의 조건이다. 이를 위해 요구되는 것이 바로 사심 없는(무관심적인) 열린 태도다. 따라서 후설은 철학의 참된 학문성은 기본적으로 어떠한 편견이나 사심에 의해 이끌림 없이, 또한 확증되지 않은 어떠한 전제에도 기반을 두지 않는, 이른바 '무전제성의 원리(Prinzip der

Voraussetzungslosigkeit)'에 부합해야 한다고 본다.

> 학문성에 대한 진지한 요구를 제기하는 인식론적 탐구는 이미
> 강조된 것과 같이 무전제성의 원리를 충족시켜야만 한다.
>
> – 『논리연구 II/1』, p.24.

그러나 이 무전제성의 요구는 전통적인 철학의 기본 요구일
수도 있으며, 그런 점에서 새로운 것도 아니다. 그럼에도 후설
이 재차 이를 요구한다는 것은 전통철학이 이러한 무전제성의
요구를 제대로 충족하지 못하고 어떤 편견이나 검증되지 않은
전제에 근거하고 있다는 나름의 판단에 근거한다. 도대체 전통
철학은 어떠한 편견에 사로잡혀 있다는 것일까?

객관주의가 지닌 편견

후설은 보다 근본적으로 이 문제를 생각한다. 조금이라도 철
학에 어떤 부당한 전제나 편견이 개입되어 있다면, 이는 일단
제거되어야 한다. 여기서 후설이 주목하는 것이 바로 전통 서양
철학과 과학을 일관되게 규정해온 객관주의(Objektivismus)다.
'객관주의'란 인간(정신)과 독립해 존재하는 그 자체로서의
객관적 세계를 전제로 하고, 여기에 참된 진리의 근거가 있다고

보는 철학적 태도 내지 세계관이다. 따라서 객관주의는 진리의 기준을 주관성을 넘어선 객관성에 두면서, 진리에 이르기 위해서는 주관성의 개입을 최대한 억제해야 한다고 본다. 비주관적인 객관성이 모든 철학적 방법론의 시금석이어야 한다는 것이다. 후설은 고대 그리스에서 철학이 출발할 때부터 지금까지 줄곧 이 객관주의가 철학 또는 과학적 사고를 지배해왔다고 본다.

그러나 후설의 눈에 객관주의는 일종의 편견에 사로잡혀 있다. 객관주의는 사실 세계를 해석하는 또 하나의 철학적 태도다. 그것도 서구철학에서 가장 설득력 있고 강력하게 받아들여진 철학적 태도다. 아니, 어쩌면 너무나 당연하게 받아들여졌기 때문에 적어도 근대에 이르기까지 어느 철학자도 적극적으로 여기에 문제가 있다고 여기지 않았다. 객관주의가 이토록 강하게 서구인의 사고방식을 지배한 것은 우리의 일상적 태도 자체가 객관주의와 친밀성을 보이기 때문이다. 우리는 일상적으로 별 생각 없이 우리가 보는 이 세계가 우리와 무관하게 그 자체로 존재하고 있으며, 그것도 참되게 실재한다고 믿고 있다. 이른바 '소박실재론(素朴實在論)'의 태도다. 일상적 삶에서 이러한 믿음을 지니는 건 사실 큰 문제가 아니다. 그러나 이러한 믿음을 검토하지 않고 그대로 철학에 적용할 경우 상황은 달라진다.

믿음이 하나의 철학적 지식이 되려면 별도의 철학적 정당화가 필요하다. 그런데 객관주의에 물든 전통철학에는 이러한 과정이 생략되었다. 이는 일상적으로 통용된 상식을 그대로 보편적 지식이라고 주장하는 것과 같다. 물론 객관주의적인 철학은 이렇게 상식화되고 당연하게 여긴 전제를 굳이 문제시 삼을 필요를 못 느꼈을지 모른다. 사실 세계가 우리 인간과 독립해 그 자체로 실재한다는 것을 누가 의심하겠는가? 그러나 후설은 바로 이 점이 객관주의적 태도의 뿌리 깊은 편견이자 맹점이라고 본다. 즉, 후설은 '인간과 무관하게 그 자체로 존재하는 세계가 참되고 근원적이라는 철학적 근거는 도대체 어디에 있는가?'를 되묻는다. 이런 의미에서 후설은 객관주의와 이를 따르는 전통철학은 소박하다고 주장한다. 객관주의는 자신의 주장의 근거를 철학적으로 철저히 탐구하지 않았기 때문이다.

> 고대와 근대의 철학들은 소박하게 객관주의적이었고, 또 그런 채로 여전히 남아 있다.
>
> — 『위기』, p.339.

후설은 모름지기 철학이 하나의 참된 철학으로서 이른바 엄밀학이 되고자 한다면, 조금이라도 어떤 근거 없는 전제에 의존해서는 안 되며 철저히 무전제적이어야 한다고 본다. 이런 관점에서 후설은 철학을 근본적으로 새롭게 만들고자 꾀하면서 이를 위해 객관주의에 물든 전통철학의 편견을 극복하고자 한다.

정확히 말하면, 어떠한 편견 없이 철학을 그 근원으로부터 완전히 새롭게 시작하려는 것이다.

후설에 대한 오해

후설의 철학에서 엄밀학의 이념은 무전제성의 요구와 만난다. 무전제성은 다른 한편으로 어떠한 전제에도 의존하고 있지 않는다는 점에서 그 자체가 하나의 근원임을 함축한다. 바로 이 무전제적인 근원으로부터 철학을 시작하고자 하는 것이 후설 철학의 의도다. 이러한 철학의 시초이자 출발점으로 후설이 지목하는 것이 (뒤에서 자세히 살펴보겠지만) 바로 인간의 의식 혹은 주관성(초월론적 주관성)이다. 이렇게 후설 철학은 엄밀한 학문성을 추구함과 동시에 의식 주관성을 철학의 출발점으로 삼는다는 점에서 불가피하게 주관주의적인 경향을 띠게 된다.

'엄밀한 학문성'과 '주관주의'라는 두 요소가 후설 철학의 내적 성격을 특징짓게 되면서 후설 철학은 사실상 구체적인 현실과는 동떨어진, 관념적인 이론의 체계인양 당대 연구자들에게 받아들여졌다. 그리고 이러한 인식이 지금까지도 철학계 내에서 후설의 모습을 대체적으로 규정짓고 있다. 그래서 후설 철학은 현대 사회의 시대적 조류를 반영하지 못하는, 이른바 비역사적인 철학이라고 평가받기도 한다.[2] 그러나 이러한 평가는 후설 철학의 어떤 한 측면에 대해서는 타당할지 모르나 후설 철학 전체, 특히 그의 완숙된 후기 철학을 놓고 보면 일면적이다.

후설이 엄밀학의 이념을 추구하면서 객관주의에 대해 비판적 태도를 취하게 된 것은 서양철학사 전반에 대한 고찰을 토대로 철학의 본래적 이념에 충실하려는 역사의식에 바탕을 두었기 때문이다. 즉, 그의 철학은 철학사, 정확히는 기원전 6~7세기에 고대 그리스에서 우연히 발생해 이제껏 발전해 온 하나의 문화적 사실로서의 서구철학의 역사에 대한 심층적인 통찰을 토대로, 후설 당대의 역사적 현실까지 고려하는 총체적이고 구체적인 사고에 기반을 둔 것이다. 그렇기 때문에 후설은 당대 유럽의 시대적, 정신적 상황을 가리켜 '학의 위기' 내지 '유럽의 위기'로 진단한다. 이는 서구문화 전반에 대한 역사적 통찰 없이는 불가능한 판단이다. 그렇게 보면, 후설 철학이 현실과는 동떨어진 비역사적이고 다분히 관념적인 철학이라는 일반적인 통념은 근본적으로 잘못된 것임이 드러난다.

자연인으로서의 후설의 삶과 철학

여기에 덧붙여 고려할 수 있는 것이 후설이 자연인으로서 삶에서 체험한 것 또한 그의 철학에 보이지 않게 반영되었을 수 있다는 점이다. 후설은 명시적으로 이를 언급한 적이 없지만,

제1차 세계대전에서 둘째 아들의 죽음을 겪는다. 여기서 후설은 아마도 깊은 슬픔과 더불어 역사적, 시대적 현실의 부조리성을 절감하면서 인간 삶의 의미에 대한 실존적 물음을 던졌을 것이다. 이러한 흔적은 그의 마지막 저서인 『위기(Die Krisis der europäischen Wissenschaften und transzendentale Phänomenologie)』의 초입부에서 암시적으로 나타난다.[3]

게다가 나치가 정권을 잡은 이후, 급박하게 돌아가는 독일의 상황 속에서 유태인인 자신이 겪어야만 했던 굴욕 등은 철학적으로 더 많은 것을 생각하게 했을 것이다. 물론 나치에 의한 박해는 그의 생애 말기에 이루어진 것으로, 그의 철학에 깊이 투영되지는 않았다. 그러나 그는 이미 제1차 세계대전을 겪으면서 자신의 삶과 철학이 결코 역사적 현실로부터 자유롭지 못함을 뼈저리게 체험했다. 그의 '사랑의 공동체'와 같은, 온 인류가 하나가 되는 평화·윤리적 인류공동체의 이념은 아마도 이러한 그의 시대경험과 무관하지 않을 것이다.

특히 유태교에서 기독교로 개종을 하면서까지 스스로 참된 독일인이라고 생각해 온 그에게, 생애 말기에 느닷없이 닥친 (단지 유태인이라는 이유로) 나치의 박해는 자신의 조화로운 인류공동체에 대한 믿음과 그 당위성을 더욱 확신하게 만드는 계기가 되었을 것이다. 더구나 비합리적으로 보이는 이러한 시대의 광기 앞에서 인간의 이성과 자기 책임성에 대한 성찰의 중요성

또한 더욱 절감했을 것이다.[4]

후설이 그의 후기에 이르러 단순히 철학의 주제를 '세계'라고 하지 않고 '생활세계(Lebenswelt)'로 표현한 것은 그런 점에서 매우 의미심장하다. '생활세계'라는 개념은 인간의 구체적인 삶을 철학적으로 적절히 표현하고 있기 때문이다. 후설은 이 생활세계 개념을 통해 자신의 철학이 구체성과 역사성을 담지하고 있음을, 그래서 현실을 나름대로 반영하고 있는 철학임을 상징적으로 나타냈다.

후설 철학의 동기와 이념

철학의 개혁을 위한 당대의 움직임

후설 철학의 성격과 구조를 한마디로 요약하기는 쉽지 않다. 후설 철학은 사상의 발전과정에 따라 여러 다른 모습을 보이며, 그에 따라 체계 또한 다소 변하는 듯한 양상을 띠기 때문이다. 이를 놓고 많은 학자들이 후설의 사상적 발전과정에 근본적인 변화가 있는 것으로 해석하기도 한다. 그러나 전반적으로 볼 때, 후설 철학은 학문적 방법론의 측면에서 많은 발전과 변화를 겪긴 하지만, 근본동기와 이념의 측면에서는 초창기부터 연속적이고 일관된 모습을 보인다는 것이 나의 생각이다.

우선 후설이 수학에서 철학으로 전향해 '철학함'을 필생의 과제로 삼게 된 이유는 철학의 학문성에 대한 관심에서 비롯된 것이라고 이미 밝힌 바 있다. 따라서 철학을 엄밀한 학문성에 따라 전면적으로 개혁하고자 한 것이 후설 철학의 최초 동기였음은 쉽게 유추할 수 있다.

그러나 이처럼 철학을 근본적으로 개혁하고자 한 것은 후설뿐만 아니라 그의 스승인 브렌타노를 비롯해 당대의 철학자 상당수가 공유했던 생각이다. 즉, 철학이 기존의 사변적이고 관념적인 틀을 벗어나 좀 더 객관적이고 구체적이어야 하며, 이를 위해 자연과학적인 방법처럼 경험적이고 실증적인 방법에 기반을 두어야 한다는 것이다. 후설이 막 철학을 시작한 당시에는 이러한 사고가 상당히 확산되고 있었다. 브렌타노는 "철학의 진정한 방법은 자연과학의 방법에 다름 아니다."[5]라고 말하기까지 했다.

심리학에 대한 기대

이러한 분위기 조성에 결정적인 일조를 한 게 바로 당시 갓 등장한 심리학이다. 자연과학적이고 실험적인 방법에 따라 정립된, 새로운 학문으로서의 심리학은 철학에 새로운 자극을 주었으며, 심리학이 정신과학 내지 사회과학 영역에서 모든

개별 학문의 기초가 되어야 한다는 사고가 광범위하게 퍼져나
갔다.

브렌타노는 바로 이러한 사고의 대표적인 지지자로서 그는
"심리학이 물리학을 제외한 모든 학문의 기초가 되어야 한다."
[6]는 견해를 표방하며 심리학적 방법을 토대로 철학을 하고자
했다. 이러한 브렌타노의 혁신적인 사고는 본래 수학을 전공했
던 후설에게 깊은 인상을 주었고, 더불어 철학도 과학적일 수
있다는 확신을 갖게 했다. 앞서 언급한 것처럼 바로 이 점이 후
설을 철학으로 전향하게 한 결정적 동기이기도 하다.

수학을 심리학적으로 정당화하다

그러나 당시 후설의 주된 관심은 수학자답게 수학, 정확히는
산술을 어떻게 심리학적으로 정초(定礎)할 수 있느냐에 있었
다. 수학이 자연과학의 기초인 물리학의 토대라고 볼 때, 수학
을 심리학적으로 정초한다는 것은 상당한 상징적인 의미를 내
포하는 것이었다. 이때 후설은 브렌타노의 추천에 따라 또 다른
브렌타노의 제자로 브렌타노의 생각을 충실히 따르고 있던 할
레(Halle) 대학 슈툼프(Carl Stumpf)의 지도를 받는다. 그리고 이
를 통해 마침내 자신의 연구구상을 실행에 옮겨 나름의 결실을
맺는다.

1887년, 후설은 교수 자격 취득 논문으로 「수의 개념에 관하여(Über den Begriff der Zahl)」를 내놓는다. 여기에는 '심리학적 분석'이라는 부제가 달려 있다. 곧 수학적 개념을 심리적인 작용에 근거해 심리학적으로 해명하고자 하는 것이 이 연구의 주된 의도였다. 1891년, 이런 연장선상에서 출간된 첫 저서 『산술의 철학(Philosophie der Arithmetik)』 또한 부제가 '심리학적, 논리적 탐구'이다.

하지만 후설은 오로지 심리작용에 의해 수학적 개념을 해명하려는 시도에 한계가 있음을 곧 깨닫는다. 수학의 세계가 단지 주관의 심리작용으로 환원되어 설명될 경우, 수학적 진리가 주관화, 상대화될 우려가 있으며, 이것이 개별적, 주관적인 작용과 독립해 지니는 선험적이고 보편적인 성격은 제대로 부각되지 않는다. 수학뿐만 아니라 논리학도 마찬가지다. 심리학을 토대로 모든 개별 학문을 정초하려 한 당대의 심리학주의자들은 이전까지 학문의 절대적 기초로 여겨진 논리학조차 심리학에 기반을 두어야 하며, 따라서 심리학으로부터 논리학의 주요 법칙들이 도출될 수 있다고 믿었다.

그러나 이러한 심리학주의에 반대하는 당시의 프레게(Gottlob Frege), 볼차노(Bernhard Bolzano), 나토르프(Paul Gerhard Natorp) 등 일군의 학자들은 주관적인 심적 작용과는 엄격히 구분되어 이를 초월한 객관적인 순수 논리 그 자체의 세계가 있다고 보았으며, 따라서 후자는 전자로 환원될 수 없다고 생각했다.[7] 이러한 반심리학주의적 사상에 영향을 받은 후설은 이들의 생각을 받아들여 기존의 자기 생각을 수정한다.

즉, 심리적인 영역과 구분되는 논리적인 영역의 자율성과 독립성을 인정하고, 후자는 심리학적으로 규정될 수 없다고 본다. 말하자면 자기 스스로 빠졌던 심리학주의에 대한 비판이다. 이러한 생각을 기초로 1900년 출간된 책이 바로 『논리연구(Logische Untersuchungen) I』이다. 이른바 심리학주의에서 순수 논리학의 객관적 존재를 전제하는 태도로 급격히 전환한 것이다.

현상학적 사고의 출발

그럼에도 불구하고 후설은 여전히 심리학에 대한 미련을 갖고 있었으며, 심리학적인 방법이 지니는 철학적 가치와 정당성을 결코 부정하지는 않았다. 따라서 이제 후설의 관심사는 어떻게 심리적인 요소와 이를 넘어서 있는 객관적 논리적 존재를 결부시키느냐 하는 것이었다.

여기서 후설이 택한 전략은 주관적 심적 작용과 객관적 논리적 존재 사이에는 나름의 상관관계가 있다고 보는 것이다. 양자의 자율성을 모두 인정하면서도 양자에는 상응관계가 있다는 것이다. 후설은 이 관계를 경험적인 것이 아니라 선험적인 관계로 보았다. 그리고 이 양자를 잇는 매개로 브렌타노의 의식에 대한 주요 규정인 '지향성(Intentionalität)' 개념을 내세운다. '모든 의식작용은 반드시 어떤 것에 관한 의식으로서 그의 상관자인 대상을 지닌다'는 지향성 개념은 심적 작용과 이념적 대상성 간의 상관성을 설명하는 데 매우 좋은 방법론적 틀이었다.

이로써 후설의 철학은 어떻게 의식이 자신의 지향적 대상과 관계를 맺는지, 정확히 어떻게 의식이 지향적 대상을 인식하는지에 대해 논의를 펼치게 된다. 『논리연구 Ⅰ』의 후속으로 1901년에 나온 『논리연구 Ⅱ』는 바로 이러한 내용을 담고 있다. 여기서 주목할 점은 이 책에서 후설이 자신의 철학을 현상학(Phänomenologie)으로 규정하면서 이를 '기술적 심리학'이라고 부르고 있다는 점이다. 물론 현상학이라는 용어는 후설이 창안한 것이 아니라, 이미 칸트 이전의 람베르트(Johann Heinrich Lambert)가 1764년 그의 저서에서 이 용어를 썼다고 하며, 칸트와 헤겔 또한 이 표현을 사용했다.[8] 또 후설 당대에도 상당수의 학자들이 이 용어를 사용했다. 후설은 현상학의 개념규정과 관련해 『논리연구 Ⅱ』초판에서 다음과 같이 말했다.

현상학은 기술적 심리학(deskriptive Psychologie)이다. 따라서 인식비판은 본질적으로 심리학이거나 최소한 오직 심리학의 토대 위에 구축되어야만 한다. 그런 점에서 또한 순수 논리학도 심리학에 기반을 둔다. …… 순수 논리학의 그러한 심리학적 정초, 곧 하나의 엄밀한 기술적인 정초의 필요성은 우리로 하여금 논리학과 심리학이라는 두 학문분과의 상호 독립성을 의심케 하지는 않는다. 왜냐하면 순수 기술은 이론에 대한 단순한 전단계이지 이론 자체가 아니기 때문이다. 그러므로 하나의 동일한 순수 기술의 영역이 다양한 이론적 학들의 토대 역할을 할 수 있다. 완전한 학으로서의 심리학이 순수 논리의 토대가 아니라 심리학의 이론적 탐구에 대한 전 단계를 형성하는 몇몇 기술의 부류들이 그러한 것이다. …… 일체의 이론적-심리학적인 관심을 떠나 인식체험을 단지 순수하게 기술하면서 탐구하는 것을 경험적 해명과 발생을 지향하는 본래적인 심리학적인 탐구와 구분하는 것은 인식론적으로 매우 각별한 의미를 지닌다. 따라서 우리는 인식체험에 대한 순수 기술적 탐구를 기술적 심리학 대신 현상학이라고 말하면 좋을 것 같다.

-『논리연구 Ⅱ/1』, p.24.

외관상 마치 심리학주의를 대변하는 듯한 후설의 이러한 언명은 결코 심리학을 일방적으로 강조하는 것이 아니다. 오히려 일반적인 자연과학적 심리학과 차별화되는, 그러면서도 나름의 심리학적인 방법을 취하고자 하는 후설 철학의 고유한 방법론적 특성을 가리키고 있다. 이런 맥락에서 위의 구절을 좀 더 자세히 들여다보면, 장차 후설 현상학의 성격과 이념을 지속적으로 규정하게 될, 다음과 같은 중요한 의미를 함축하고 있음을 알 수 있다.

현상학의 기본 이념과 성격

첫째, 현상학적 태도와 관련해 현상학은 최대한 있는 그대로의 존재 그 자체를 받아들인다는 열린 태도의 성격을 보여주고 있다는 점이다. 여기서 강조되는 순수기술이란, 어떠한 이론적 전제나 편견 없이 주어지고 보인 바를 있는 그대로 기술한다는 의미를 지닌다. 앞서 언급한 '무전제성의 원리'와 일치하는 말이다. 기술은 설명과 달리 어떠한 이론적 전제나 가설에 근거해 사태를 해명하지 않는다. 후설이 여기서 특히 거리를 두고자 한 것은 형이상학적 가정이다. 이는 대개 경험적인 확실한 근거 없이 단순히 전제되거나 주장될 뿐이기 때문이다.

둘째, 현상학의 출발점이자 주된 탐구대상이 무엇인지를 밝히고 있다는 점이다. 바로 의식체험이 현상학의 주된 탐구영역이어야 한다는 것이다. 뒤에서 더 상세히 밝히겠지만, 어떠한 편견이 개입할 여지가 적고 가장 직접적으로 존재와 만날 수 있는 장소로 후설이 꼽는 곳은 의식이다. 이 의식체험을 기반으로 존재를 해명하고자 하는 것이 그의 의도다.

셋째, 위 구절에서 분명히 나타난 바와 같이 후설의 현상학은 인식론적 탐구에 초점을 두고 있다는 점이다. 인식론은 인식 주관이 대상 내지 객관을 어떻게 아느냐 하는 인식과정을 중시여긴다. 여기서 핵심은 양자 사이의 관계다. 따라서 후설이 주관적 의식체험에 주목하는 것은 단지 심리적 작용으로서의 사실적 측면보다는 의식이 대상을 인식하는 과정, 정확히는 의식과 대상과의 상관관계를 해명하기 위해서다.

이미 밝혀진 바와 같이 『논리연구』에서 후설의 본래 문제의식은 이른바 객관적 대상이 단순히 의식체험으로서의 심적 작용으로 환원되거나 해소되지 않는다는 점이다. 그렇다면 하나의 실재로서의 대상에 의식이 어떻게 인식론적으로 접근할 수 있는지, 만약 의식이 이 대상을 파악할 수 있다면, 그 근거는 무엇인지를 해명하는 것이 후설 현상학의 주된 과제가 된다. 그리고 바로 이 점이 일반적인 경험 심리학적 작업과 후설의 현상학이 결정적인 차이를 보이는 지점이다. 당대의 심리학이 오직 심리작용에만 초점을 맞추어 이의 상관자인 대상에 대해서는 제대로 고려를 하지 않는데 비해, 후설의 현상학은 주관과 객관의 상관성 속에서 의식체험을 고찰한다. 한마디로 주관과 객관의 상관관계에 대한 인식론적 해명이 후설 현상학의 초점인 것이다.

후설 사상의 발전과 변화

후설 철학은 이처럼 『논리연구 I , II 』권에서 자신의 철학적 방향과 성격을 규정함으로써 현상학으로서의 철학적 정체성을 분명히 하고 있다. 물론 『논리연구』 이후, 후설 철학은 많은 변화를 겪는다. 그러나 그 변화는 근본적인 것이라기보다는 『논리연구』에서 밝힌 자신의 철학적 구상을 심화하고 보다 구체화하는 것이라고 볼 수 있다.

『논리연구』에 이어 1913년에 출간된 『이념들(Ideen zu einer reinen Phänomenologie und phänomenologischen Philosophie) I 』은 『논리연구』에서와는 전혀 다른 차원의 의식 개념, 즉 '절대적, 초월론적 의식' 개념을 등장시키면서 이 의식이 외적 세계에 대해 독립적임과 동시에 근원적이라는 주장을 펼친다. 그리고 이러한 의식의 우선성 주장을 바탕으로 초월론적 의식에 의해 세계가 규정된다는, 이른바 '관념론적' 세계관이 모습을 드러낸다. 이러한 관념론적인 경향은 완화되기는커녕, 이후 점차 강화되는 모습을 보인다. 이는 과거의 심리학적인 혹은 객관주의적 색채를 완전히 벗어나 극단화된 주관주의적 차원에 진입한 것으로 보였다.

이러한 관념론적 전향에 많은 후설의 추종자 내지 제자들이

실망하고 후설을 떠난다. 그러나 이러한 외관상의 분명한 변화에도 불구하고 『논리연구』에서 천명된 후설 현상학의 근본적인 태도와 방향성은 원칙적으로 변함이 없다. 즉, 의식체험에 기초해 상관자인 대상과의 관계를 순수하게 있는 그대로 밝힌다는 현상학의 본래 정신은 계속 고수하고 있는 것이다. 다만 시간이 흐를수록 의식에 대한 분석이 보다 깊어지고 치밀해지며, 상관자로서의 대상에 대한 규정 또한 이에 상응해 보다 구체화되고 풍부해진다는 점이 다르다면 다른 점이다.

특히 점차 시간이 흐를수록 후설은 의식보다는 오히려 대상 쪽에 초점을 두는 모습을 보인다. 그리고 초기에는 단지 수학적이고 논리적인 이념적 대상에 국한되었던 것이 점차 대상의 성격이 구체화되고 외연이 확대되면서 대상은 이제 세계 일반으로 확장된다. 이에 따라 후설 현상학의 중심주제는 단순한 의식분석이 아니라 이 세계가 어떻게 의식주관과 상관성을 맺고 있는가를 해명하는 것이라는 점이 분명해진다.

그리고 1920년대 이후, 의식에 대한 단순한 형식적, 정적 분석이 아닌 시간성, 역사성의 개념이 가미된 '발생적' 분석이 이루어지고, 이른바 '발생적 현상학'의 체계가 정립되는데, 이에 상응해 의식의 상관자인 세계 또한 그 구체성과 역사성 속에서 해명이 이루어지게 된다. 역동성과 변화를 상징하는 '모나드(Monad)' '목적론' '생활세계' '역사' 등의 개념이 후기에 집중적으로 등장한 것도 바로 이러한 이유에서다.

그러나 이러한 후기의 변화 또한 후설 현상학의 본래 이념이 달라졌음을 의미하는 것은 아니다. 오히려 이는 현상학의 본래적 이념의 심화이자 실현과정으로 이해해야 한다. 이른바 무전제성의 원리에 입각해 의식과 세계와의 상관성을 순수하게 해명하고자 하는 것, 이는 후설의 전 학문적 생애를 일관한 불변의 이념이자 그의 현상학에 생명을 불어넣은 확고부동한 근본동기였다.

경험적 대상과 (이것이 의식에 주어지는 ―필자 주) 소여방식 간의 이 보편적 상관관계 아프리오리(Korrelationsapriori)가 처음으로 밝혀졌을 때, (대략 1898년경, 나의 『논리연구』를 마무리하고 있을 동안) 이는 내게 매우 깊은 감명을 주었다. 따라서 그이후 나의 삶의 전 연구는 이 상관관계 아프리오리를 체계적으로 해명해 정리하고자 하는 과제에 의해 이끌렸다.

― 『위기』, p.169.

방법론과 체계 사이에서

후설의 철학은 이른바 '현상학'으로 특징지어진다. 초기 후설이 자신의 현상학을 기술적 심리학으로 특징지은 것처럼 현상학은 원래 어떤 특정 체계를 가리키기 보다는 방법론적 성격이 강하다. 말하자면 의식과 세계와의 상관관계를 밝히기 위한 하나의 방법론적 틀로서 현상학을 끌어들이는 것이다.

그럼에도 불구하고 후설의 현상학은 다른 한편으로 어떤 체계를 지향하는 경향이 있다. 이는 후설의 철학이 점차 구체화되면서 윤곽이 드러난다. 『이념들 I』이후, 후설 스스로 자신의 현상학을 이른바 '초월론적 관념론(transzendentaler Idealismus)' 혹은 '초월론적 현상학(transzendentale Phänomenologie)'이라고 부를 때, 이러한 체계의 모습이 드러난다. .

본래 철학에서 '체계'란 어떤 세계관을 전제로 하는 것이고, 그런 점에서 특정한 존재론적, 형이상학적 관점이 개입될 수밖에 없다. 그러므로 이러한 체계를 전제로 할 때, 현상학의 본래 방법론적 정신인 무전제성의 원리와는 상충하게 된다. 여기서 우리는 후설 현상학이 방법 또는 체계 중 어느 쪽에 더 중점을 두고 있는지 의문을 갖게 된다.

후설의 철학은 앞에서 본 바와 같이 인식론적 관심에서 출발했다. 즉, '우리 인간이 어떻게 대상 내지 진리를 알게 되는가?'하는 문제가 후설 철학의 기본 문제의식이자 출발점이다. 현상학은 바로 이에 답을 주기 위한 방법론적 도구였다.

그러나 모든 인식론적 철학들이 그러하듯 인식론의 문제를 근본적으로 해결하기 위해서는 인식주관과 인식능력에 대한 해명이 선행되어야 한다. 인식주관이 어떠한 성격을 지니고 있고, 또 어느 정도의 인식능력을 지니고 있는지가 해명되지 않고서는 인식론적 논의가 전개될 수 없다. 그러나 이 과정에서 인간의 주관에 대해 긍정적이건 부정적이건 어떤 (존재론적인) 성격 규정을 하게 되고, 이에 맞추어 인식대상 또한 규정하게 된다. 그래서 불가피하게 어떤 존재론적 관점을 취하지 않을 수 없다. 인식주관을 하나의 정신적 실체로 규정한 버클리(George Berkeley)의 경우가 대표적이다. 칸트 또한 인간인식을 경험적 현상에 한정함으로써 오히려 현상의 배후에 놓인 '물자체(Ding an sich)'의 존재에 대해 어떤 여지를 남겨 놓고 있다. 이 모든 것은 인식론적인 탐구가 어떤 식으로든 존재론적, 형이상학적 관점을 요청하거나 결부되어 있음을 의미한다.

후설도 예외가 아니다. 아무리 철저하게 무전제적으로 의식체험에 대해 주어진 그대로 기술했다 하더라도 최소한 의식주관에 대해 어떤 식으로든 존재론적인 규정을 하지 않을 수 없다. 따라서 후설의 입장에서는 최대한 객관적으로 있는 그대로의 사실을 밝힌 것이라고 할 수 있으나, 결과적으로 그 모습은 어떤 특정한 존재론적인 체계의 형태를 띠게 된다.

이렇게 볼 때 후설의 현상학은 방법론적인 측면과 그 체계의 측면이 더불어 나타나게 되며, 양 계기를 모두 지니고 있다고 볼 수 있다. 다만 인식론적인 관심에 의해 이끌릴 경우 방법론적인 측면이 보다 강하게 부각되고, 존재 내지 존재자에 대한 관심이 주도적일 때는 체계의 측면이 강조된다. 그러나 양자는 후설 현상학에서 불가분리의 관계를 맺고 있다. 이런 맥락에서 디머(Alwin Diemer)는 "현상학은 사실 우선 인식론으로서 나타나고, 계속 발전해 생각할 수 있는 모든 존재의 보편적 로고스(Logos)에 대한 참되고 순수한 보편적 존재론으로서 나타난다. 그러므로 현상학은 지향성이 그 근본원칙인 참된 형이상학이다."[9]라고 말한다.

그러나 후설 현상학이 이처럼 인식론적, 방법론적인 측면 외에 존재론적, 형이상학적인 계기를 지니고 있다고 해서 그 기본정신까지 흔들리는 것은 아니다. 현상학의 기본정신은 여전히 방법론적인 관심에 의해 주도되면서 존재자 내지 사태 자체를 편견 없이 주어진 그대로 밝히고자 하는 데 있다. 현상학은 어떤 이론에 맞추어 사태 내지 존재를 규정하려고 하지 않는다. 현상학의 관심은 오직 사태 자체, 문제 자체로부터 유발된다.

다만 현상학은 탐구하려는 존재자가 주관과 무관하게 존재한다는 일상적 생각 자체를 하나의 편견으로 보면서, 이것이 주관과의 연관성 속에서 파악될 경우에만 그 참된 의미가 드러난다고 본다. 결국 후설 현상학은 '어떻게 존재자가 의식주관에 주어지는가?' 하는 인식론적인 관심이 바탕이 되어, 존재자의 존재 의미를 참되게 규정하려는 존재론적 관심으로 자연스럽게 이어지는 하나의 철학적 방법론으로 볼 수 있다.

후설 현상학에서 태도의 문제

존재를 우선시하는 태도

후설 현상학은 앞서 확인된 바와 같이 방법론적 관심으로부터 출발했다. 현상학적 방법론은 출발 자체가 어떤 형이상학적 체계를 정당화하기 위한 수단이 아니라 존재 자체를 사심 없이 바라본다는 데 초점이 있다. 그러므로 하나의 방법을 통해 존재를 획일적으로 규정하기보다는 원칙적으로 존재에 의해 방법이 규정된다는 점에서 존재 성격에 따라 방법의 적용이 달라지기도 한다. 바로 이러한 '존재의 방법에 대한 우위성'이 현상학적 방법론의 특징이다.

그렇기 때문에 현상학에서는 무엇보다 '태도'가 중요하다. 어떤 태도를 취하느냐에 따라 각각 상응하는 존재영역이 달리 나타나며, 이는 각각의 존재성에 맞게 적절한 태도를 취해야 한다는 의미도 된다. 그러나 이 '태도 취함'이 단순히 주관적이고 자의적으로만 이루어진다면, 보편성을 지향하는 철학의 기본 정신에는 위배된다. 따라서 후설 현상학이 하나의 철학으로 정립되기 위해서는 이 태도에 대한 올바른 규정과 보편적 기준이 필요하다. 그래서 후설 현상학은 방법론에 있어서 근본적으로 태도의 문제에서부터 출발한다.

현상학에서 태도가 지니는 의미

후설만큼 철학함에서 태도(Einstellung)의 문제를 중요하게 여기는 철학자는 드물 것이다. 현상학의 체계가 잡히기 시작한 이후, 후설은 줄곧 태도와 관련해 방법론을 해명했으며, 참된 철학은 태도의 전환을 통해서만 가능하다는 주장을 펼쳤다.

태도란 우선 인식론적이다. 즉, 태도는 인간이 세계를 바라보고 해석하는 인식론적 관점과 틀을 규정한다. 다른 한편으로 태도는 실천적인 의미를 내포한다. 이때 태도란 타인과 세계에 대한 행동의 방식을 일컫기도 한다. 후설에게는 이 두 요소가 모두 있다고 볼 수 있다.

그러나 어느 쪽이건, 핵심은 태도는 주관을 전제로 하고 개인적인 결단과 습관에 의존한다는 점이다. 결국 후설이 태도의 전환을 통해 철학으로 진입한다고 주장할 때, 이는 하나의 개인적인 선택과 같은 의미를 지니게 된다. 실체로 후설은 일상적 태도에서 철학적, 현상학적 태도로의 전환을 일종의 개인 의지의 결단으로 이해하고 있으며, 경우에 따라 종교적 개종과 같은 의미를 지닌 것으로 묘사하기도 한다.

태도에 따른 세계 이해의 상이성

그러나 후설이 이처럼 인간주관의 태도와 관련해 방법론을 정초 지으려는 근본 이유는, 주관과 세계가 여러 방식으로 관계를 맺고 있으며, 이 관계방식에 따라 세계의 존재성격 또한 달리 받아들여지게 된다는 점을 강조하기 위해서다. 여기서 관계방식이 바로 태도를 의미한다. 그러므로 어떤 태도를 취하느냐에 따라 이 세계는 상이한 모습으로 드러나게 된다. 가령, 자연과학자들은 자연과학적인 태도에 따라 세계를 이해하며, 이에 따른 세계는 철저하게 인과적 질서에 따른 기계론적 세계다. 또 정신과학자들이나 예술가들은 이들과는 다른 식으로 세계를 바라볼 것이다. 그런데 자연과학자들도 일상적 태도에서는 자신이 사는 이 세계를 단지 다른 사람들과 같이 어울리고 노는 공간으로 받아들이거나 편안히 거주할 수 있는 느슨한 곳으로 여길 뿐, 엄밀하게 수학적으로 짜인 세계로 받아들이지는 않는다. 이는 정신과학자나 예술가도 마찬가지다. 직업적 태도와 일상적 태도에서 바라본 세계는 전적으로 다르다.

곧 각자 어떤 태도를 취하느냐에 따라 이 세계는 전혀 달리 나타난다. 그렇다면 후설의 중요 관심사는 '어떤 태도를 취할 때 이 세계를 가장 잘 혹은 올바르게 바라볼 수 있느냐?'가 된다.

현상학적 태도란 무엇인가

특정 존재영역을 탐구대상으로 할 때, 이에 적합한 인식론적 태도는 상이할 수 있다. 가령, 물리적 자연을 탐구대상으로 할 때, 물리학적 태도가 가장 적절할 수 있고, 정신을 탐구대상으로 할 때는, 종교학, 철학과 같은 정신과학적 태도가 적합할 것이다. 심리현상만을 보는 경우에는, 심리학적 태도가 가장 효과적일 수 있으며, 생물현상만을 놓고 보면, 생물학적 태도가 적합하다. 이 모든 태도들은 나름의 상대적 타당성을 지닌다. 후설 또한 이러한 각 태도에 따른 존재 이해에 나름의 가치를 부여한다. 어느 것도 절대적으로 잘못되었다고 볼 수 없다는 것이다.

그러나 후설은 바로 이 전체로서의 세계에 대해 탐구하고 또 탐구해야 하는 것이 전통적인 철학의 근본과제임을 지속적으로 환기시킨다. 그리고 자신의 현상학은 바로 이러한 전통철학, 정확히는 고대 그리스 철학의 본래 이념의 충실한 계승자이자 또 그래야 한다는 점을 강조한다. 현상학적 철학은 '존재자의 총체에 관한 학'이라는 철학의 본래 이념에 따라 곧 존재자 전체를 보편적으로 다루어야 하며, 이를 다시 말하면, 하나의 보편적 학문의 틀 속에서 해명해야 한다는 것이다. 물론 후설의 초창기에는 이러한 발상이 구체화되지 않았다. 그러나 그의 사상이 심화됨에 따라 그의 철학적 주제는 의식주관이 아니라 세계 전체, 정확히는 이 주관과 연관된 하나의 보편적 세계라는 점이 점점 더 분명히 드러난다.

이제 후설의 철학에서 세계를 가장 잘 바라볼 수 있는 태도란, 어느 특정 존재 영역이 아니라 세계 전체를 총체적이고 보편적으로 볼 수 있는 태도를 의미한다. 이 태도를 후설은 '철학적' 혹은 '현상학적' 태도로 부른다. 그럼 우리는 이 현상학적 태도에 어떻게 이를 수 있으며, 어떻게 이를 통해 세계에 대한 보편적 시선을 지닐 수 있는가? 철학의 근원까지 탐문해 새로 시작하려는 후설에게 이에 대한 답변이 얼마나 중요한지는 이제까지의 서술을 통해 충분히 강조되었다고 본다. 후설은 자신의 학문적 삶의 사활을 걸고 현상학적 태도의 방법론적 해명과 규정을 위해 심혈을 기울인다. 그리고 이러한 노력의 구체적 결실로 나온 현상학적 방법이 바로 '판단중지(에포케)'와 '환원'이다.

판단중지와 ^{환원}

후설의 철학에서 '참된 철학적 태도'란 세계 전체에 대해 열린 태도를 의미한다. 세계 전체를 다루어 온 철학이론과 과학이론은 많았다. 어쩌면 지금까지의 철학사 내지 과학사가 이러한 세계 규정의 역사라고 해도 과언이 아니다. 그러한 무수한 규정들이 있음에도 불구하고 후설이 태도와 관련 지어 세계에 대한 새로운 규정을 시도하는 이유는 무엇일까? 지금까지의 세계 개념이 정당한 철학적 태도에 근거해 규정되지 못했다는 나름의 판단 때문이다.

후설은 앞서 언급한 무전제성의 원리에 입각해 철저한 무선입견성의 열린 태도에 기반을 두어야 세계에 대한 참된 규정이 가능하다고 본다. 그렇다면 이러한 무전제성, 무선입견성의 태도는 어떻게 가능하고, 왜 이제까지의 철학은 이러한 태도를 지니지 못한 것일까?

자연적 태도에 대한 반성

후설의 논의는 일상적, 자연적 태도로부터 시작한다. 자연적 태도란 소박한 우리의 삶 속에서 우리가 일상적으로 취하는 태도를 말한다. 사실 태도라고 인지하지 못할 정도로 평상시에는 전혀 의식하지 못하는, 그야말로 전적으로 친숙하고 자연스러운 태도다. 일상적, 자연적 태도는 그 자체로는 전혀 문제될 것도 나쁠 것도 없다. 그런데 이것을 철학적 관점에서 바라볼 때는 문제가 된다. 사실 어느 누구도 자연적 태도가 하나의 철학적 태도라고 생각하지는 않는다. 쉽게 말해, 이는 어떤 태도라기보다는 모든 다른 태도의 토대를 이루는 근원적 습관과 같은 것이다.

이 태도가 철학적일 수 없는 가장 근본적인 이유는, 이 태도가 소박하기 때문이다. 여기서 소박하다는 것은, 어떠한 비판적 반성 없이 당연하게 그리고 습관적으로 어떤 것을 받아들인다는 의미를 지닌다. 그러므로 소박한 태도의 가장 큰 문제는 보이지 않는 편견에 근거한 판단을 자신도 모르는 사이에 굳게 참되다고 믿는 것이다.

자연적 태도는 기본적으로 실용적 관심에 의해 지배되기 때문에, 이에 따를 때, 대부분의 사람들은 어떤 자신만의 실용적 목적과 욕구에 따라 제한적으로 이 세계를 바라보게 된다. 그러므로 자연적 태도에서 우리의 시선은 우리가 관심을 갖는 눈앞의 대상에만 집중된다. 이렇게 제한된 대상적 관심에 의해 지배되는 한, 이 배경을 이루는 전체로서의 세계는 원칙적으로 눈에 들어오지 않는다. 더구나 자신의 주관적 의견 내지 편견에 의해 대상을 바라보므로 오직 상대적인 시선에서만 이 세계를 접하게 된다. 고대 그리스 철학에서 이를 '독사(doxa)'라고 칭한 것은 바로 이 자연적 태도에 그대로 해당된다.

자연적 태도의 소박성과 세계 존재에 대한 믿음

이러한 자연적 태도의 핵심적 특징은 바로 세계의 존재에 대한 소박한 믿음이다. 자연적 태도에서는 개개 대상에 시선이 쏠려있다 하더라도 항상 이 배경으로서의 세계에 대한 의식을 지니고 있다. 자연적 태도는 이 배경이 되는 세계를 당연히 실재하는 것으로 전제한다. 곧, 이 세계 속 개별적 대상의 존재는 의심의 여지가 있다 하더라도 이 세계 자체의 실재성은 어떠한 경우에도 결코 의심하지 않는다. 후설은 이 세계 존재에 대한 의식이 오랜 기간에 걸쳐 형성된 일종의 습관적 믿음이라고 본다. 후설은 이 믿음을 특별히 가리켜 '자연적 태도의 일반적 정립(Generalthsis der natürlichen Einstellung) (『이념들 I』, p.62)'이라고 부른다. 이러한 믿음은 너무나 견고해 우리의 모든 삶을 지배하고 있다.

그런데 이 세계의 실재성에 대한 믿음 속에서 우리는 자신도 모르는 사이에 이 세계가 우리와 무관하게 그 자체로 존재한다는 생각을 갖게 된다. 게다가 이러한 객관적인 세계가 참된 실재라고 생각하고, 여기에 진리성까지 부여한다. 세계를 파악할 때 가능한 객관적으로 주관을 배제한 채 인식해야 한다는 생각은 바로 여기서 나온다. 이러한 태도는 주관과 무관하게 그 자체적으로 존재하는 대상에 철학적 가치를 부여하는 전형적인 객관주의적인 태도다. 자연적 태도와 객관주의는 이처럼 구조적인 유사성을 보인다.[10]

그런 점에서 객관주의는 자연적 태도의 세련된 이론적 형태로 볼 수 있다. 우리는 이미 앞에서 객관주의적 태도가 일종의 편견에 근거하고 있음을 보았다. 그리고 이러한 편견의 상당 부분은 객관주의가 자연적 태도의 소박성에 여전히 머물러 있다는 데 근거하고 있음을 본다. 이렇게 보면, 이제까지의 서구철학이 학적으로 보다 근본적이지 못한 이유는 아이러니하게도 객관주의를 취함으로써 자연적 태도를 철저히 극복하지 못했

기 때문이다.[11]

이로부터 후설의 방법론적 입장은 분명해진다. 철학이 모름
지기 철저히 중립적이고 편견 없는 태도로 세계를 바라보기 위
해서는 근본적으로 자연적 태도에 내재한 뿌리 깊은 객관주의
적 편견 또는 태도로부터 자유로워야 한다. 즉, 자연적 태도가
지닌 세계 존재에 대한 소박한 믿음을 어떤 식으로든 극복해야
한다. 이러한 맥락에서 후설은 바로 자연적 태도에 대한 '판단
중지(Epoché)'를 말한다.

자연적 태도에 대한 판단중지

자연적 태도에 대한 판단중지는 자연적 태도 자체를 부정하
기보다는 자연적 태도에서 소박하게 전제된 세계의 존재에 대
한 믿음과 확신을 일단 배제하는 것이다. 곧 판단중지란 '자연
적 삶의 태도를 완전히 변경(『위기』, p.151)'하는 것으로, 이를 통
해 "자연적 태도의 본질에 속하는 일반적 정립의 효력을 무력
화시키고, 이 정립이 존재적 관점에서 포괄하는 모든 것, 따라
서 항상 우리 앞에 놓여 있고 현존하는 전 자연적 세계에 단번
에 괄호를 친다(『이념들 I』, p.67)."

말하자면 판단중지는 자명하게 존재하는 것으로 여겨진 세
계 존재에 대한 일체의 존재 판단을 유보하는 것이다. 이는 세

계의 실재성을 부정하고, 마치 세계가 존재하지 않는 것으로 판단하는 것이 아니다. 다만 세계의 존재 여부에 대해 중립적 입장을 취하면서 세계에 대한 존재 확신을 일시적으로 괄호에 묶어 효력을 중지시키는 것이다. 즉, '세계가 이런 식으로 존재한다, 아니다'와 같은 세계의 존재와 관련한 모든 판단을 일단 보류하는 것이다.

이로써 세계가 그 자체로 존재한다는 이전의 자연적 태도에서의 당연한 생각은 일단 배제된다. 그리고 의식을 초월해 그 자체로 존재한다고 여겨지는 모든 초월적 대상(신을 포함해) 또한 일단 효력을 잃는다.

판단중지와 반성적 태도

그러면 이러한 판단중지를 통해 남는 것은 무엇인가? 다시 말해 판단중지 후에 다르게 보이고, 또 새롭게 드러나는 것은 무엇인가? 후설이 자연적 태도를 문제시하는 근본적 이유는, 이 태도에서 타당하다고 여겨진 것을 그대로 받아들일 경우, 일면적으로만 세계를 바라보게 되기 때문이다. 자연적 태도에서는 사실 세계 자체가 주제화되지는 않는다. 우리의 시선이 오직 대상에 쏠려있기 때문이다. 자연적 태도의 삶은 후설이 잘 표현했듯 '그때그때 주어진 대상에로의 삶(『위기』, p.146)'이다. 그런 점에서 열린 마음으로 세계를 바라본다는 판단중지의 본래적 의도에 따라 근본적으로 문제 삼아야 할 것은 세계의 존재에 대한 믿음이라기보다 대상에만 쏠려있는 우리의 일면적 태도다.

물론 자연적 태도에서 전제로 하는 세계도 객관적으로 존재하는 하나의 대상으로서의 세계이므로 넓은 의미의 대상에 포함되기는 한다. 한마디로 자연적 태도의 핵심은 시선이 외부 대상으로 향해 있어서 나 자신에게 관심이 돌려지지 않고 있다는 점이다. 곧 반성적 태도의 결여와 외부 대상 내지 세계로의 몰입이 자연적 태도의 주된 특징이다.[12] 이렇게 볼 때, 자연적 태도에 대한 판단중지는 자연히 외부 대상으로 향한 나의 시선을 나의 내부로 돌리는 역할을 할 수 있다. 이른바 반성적 태도를 가능하게 하는 것이다.

판단중지를 통해 드러나는 것 – 초월론적 의식

판단중지를 통해 이제 나의 시선은 나의 의식 내부로 향한다. 그러나 이러한 반성은 사실 일상적, 자연적 태도에서도 가능하다. 그러면 굳이 일부러 판단중지를 해가면서 이렇게 특별한 반성을 하려는 이유는 무엇인가? 이에 대한 답변에 사실 이제껏 드러나지 않은, 그러나 많은 논란을 불러일으키는 후설의 핵심적 의도가 있다.

판단중지를 통해 세계의 존재는 괄호가 쳐 있다. 이론적으로
는 이제 의식초월적인 세계는 더 이상 내게 효력을 지니지 않
는다. 그렇다면 남아 있는 것은 나의 의식뿐이다. 그러나 이 의
식은 세계의 일부로서의 경험적, 심리적 의식은 아니다. 판단중
지를 통해 모든 세계적 존재가 일시적으로나마 타당성과 효력
을 상실했기 때문이다. 판단중지 후에도 남아있는 의식, 말하자
면 '세계무화의 잔여(『이념들 Ⅰ』, p.114)' '현상학적 잔여(『이념들
Ⅰ』, p.69)'로서 세계 존재의 배제 이후에도 남아 있는 의식은 세
계에 속하지 않고 이를 초월해 있는 의식이다. 그러므로 후설은
판단중지를 통해 드러난 이러한 의식은 경험적, 세계적 대상과
는 질적으로 성격이 다르다는 점을 강조한다. 그리고 이러한 세
계-내-존재로서의 경험적, 심리적 의식과는 차별화되는 '순수
의식(reines Bewusstsein)'을 가리켜 후설은 특별히 '초월론적 의식
(transzendentales Bewusstsein)' 혹은 '초월론적 주관성(transzendentale
Subjektivität)'이라고 부른다.[13]

그러나 이 초월론적 의식은 자연적 태도를 취하는 한, 그 의
미가 드러나지 않는다. 자연적 태도에서는 객관을 주관에 대해
우선시하는 객관주의적 편견으로 인해 오직 세계의 일부 내지
한 대상으로서의 경험적 의식만이 주제화될 뿐이다. 후설이 특
별히 자연적 태도에 대한 판단중지를 수행하려는 이유가 바로

여기에 있다. 이런 맥락에서 후설은 자연적 태도에 대한 판단중지를 한편으로 '초월론적 판단중지'로, 이를 통해 은폐된 초월론적 의식이 드러나는 과정을 '초월론적 환원(transzendentale Reduktion)'이라고 부른다. 후설의 철학에서 (자연적 태도에 대한) 판단중지는 곧 '초월론적 의식'으로의 '환원'을 가능케 하는 것이다.

판단중지와 환원의 최종 목적

물론 이 '초월론적 환원'이 판단중지의 궁극적 목적은 아니다. 이미 예고한 바와 같이 후설에게는 의식과 세계와의 관계를 해명하는 것이 현상학의 주된 과제다. 판단중지를 통해 후설은 초월론적 의식을 발견하고, 이를 근거로 세계에 대한 새로운 규정을 하고자 한다. 뒤에서 보다 상세히 살펴보겠지만, 이른바 초월론적 의식의 상관자로서 세계를 주제화하고자 하는 것이 후설의 의도다. 이는 객관주의적인 방식이 아닌, 이른바 초월론적 주관주의적 시각에서 세계를 바라보고자 하는 것이다.

그러나 혹자는 이러한 후설의 태도가 주관적 의식만을 일방적으로 강조해 의식지상주의에 사로잡혀 있는 것이 아니냐고 반문할 수 있다. 그러나 이는 후설의 진의를 다소 오해한 것일 수 있다. 만약 후설이 판단중지와 환원의 중점을 초월론적 의식의 발견과 정당화에 두고 있다면, 이러한 의문은 타당할 수 있다. 후설 또한 어떤 측면에서는 일정 부분 이러한 해석의 여지를 주고 있는 것이 사실이다.

그러나 후설 현상학의 중심과제는 이미 초기부터 예고되었듯이 세계 존재의 해명이고, 후설은 다만 이를 그의 초월론적 현상학의 틀 속에서 초월론적 의식과 관련해 수행하려는 것뿐이다. 보다 구체적으로 말하면, '이 세계가 의식에 어떻게 주어지고 보이는가?'하는 세계의 소여방식(Gegebenheitsweise) 내지 현상(현출)방식(Erscheinungsweise)을 토대로 세계를 규명하려는 것이다. 그렇기 때문에 후설 현상학에서 세계 문제는 의식과 동떨어져 고찰될 수 없으며, 판단중지는 후설 스스로 말하듯 '세계 자체와 세계 의식 간의 초월론적 상관관계의 발견과 탐구(『위기』, p.154)'를 위해서다. 이러한 상관관계가 자연적 태도에 대한 판단중지를 하지 않고서는 제대로 드러나지 않는다는 것이 그 요지다.

후설은 "처음부터 현상학자는 자명한 것을 의심스럽고 수수께끼와 같은 것으로 보아야 하며, 그리하여 장차 다름 아닌 세계 존재의 보편적 자명성(현상학자에게는 수수께끼 중의 가장 큰 수수께끼)을 이해할 수 있도록 한다는 학적 주제를 가질 수밖에 없는 역설 속에 살고 있다(『위기』, pp.183~184)."고 말한다. 그러므로 현상학에서는 의식 자체보다는 세계의 해명이 보다 더 중요한 과제이며,[14) 이런 의미에서 의식과 주관성의 강조는 이의 존재성을 절대화하기 보다는 세계를 밝히기 위한 하나의 방법론적 의도에서 이루어진 것임을 고려해야 한다.

본질직관

　자연적 태도에 대한 판단중지 내지 초월론적 환원과 더불어 후설 현상학의 방법론을 특징짓는 또 다른 대표적인 방법이 '본질직관(Wesensanschauung, Wesensschau, eidetische Intuition)'이다. 이 방법은 판단중지의 개념이 등장하는 『이념들 Ⅰ』에서 처음 소개된다.

　그러나 후설 현상학의 역사를 놓고 볼 때, 본질직관의 방법은 『논리연구』에서의 '범주적 직관(kategoriale Anschauung)' 혹은 '이념화(Ideation)'의 방법이 내용과 형식 측면에서 이 방법의 전신으로 간주될 수 있기 때문에, 기원으로만 보면, 판단중지보다 역사가 더 오래된 개념이다. 또 이러한 후설 현상학의 초창기에 이미 현상학을 경험적 심리학과 차별화해 의식체험의 사실학이 아닌 이에 대한 '순수 본질론'으로 구축하려는 것이 후설의 본래 의도였음을 고려할 때, 본질직관의 방법은 후설 현상학과는 처음부터 불가분리의 관계를 맺고 있다 할 수 있다.

이런 의미에서 후설 현상학은 흔히 '본질학' 혹은 후설의 표현에 따르면, '기술적 본질학(『이념들 Ⅰ』, p.173)'으로 불린다. 사실 후설 현상학의 방법으로 더 많이 알려진 것은 바로 이 본질직관의 방법이다. 다른 학문 분야에서 현상학적 방법이라는 명목 하에 많이 사용하는 것이 주로 이 방법이기 때문이다.

현상학적 학문성의 토대가 되는 본질직관

본질직관의 방법이 갖는 특별한 가치는, 우선 이 방법이 후설 현상학의 학적 성격을 튼튼하게 지탱해주고 있다는 점에 있다. 후설 현상학은 엄밀한 학의 이념을 지향하고 있어 학문성이 가장 중요한 문제로 부각된다. 비록 후설이 이에 대해 체계적으로 언급하고 있지는 않지만, 학문성 자체가 기본적으로 보편성과 필연성 그리고 객관성을 기본요소로 하고 있다는 점을 고려할 때, 후설 현상학은 어디에서 이를 확보할 수 있느냐가 문제가 된다.

이미 살펴본 바와 같이 후설은 자신의 철학을 데카르트처

럼 하나의 확실한 무전제적인 토대 위에 정초하려고 한다. 이
때 후설은 우선 진리의 근거지로 파악된 초월론적 주관성을 기
반으로 자신이 구상하는 엄밀한 학의 체계를 구축하려고 한다.
그러나 뒤에서 살펴보겠지만, 초월론적 주관성은 추상적이고
형식적인 논리적인 주관이 아니라 구체적인 시간성 속에서 자
신의 고유한 역사를 지니는 개별적인 체험류다. 따라서 이 주
관성은 구체적이고 생동적이므로 실제적 사태에 가깝다는 장
점 때문에 (실증적이고 직접적이라는 면에서) 현상학적 학문성의 실
질적인 토대로 작용한다. 그러나 개별적이라는 한계 때문에 일
반적인 학의 기본요건인 보편성과 필연성, 특히 (상호주관성이라
는 의미에서의) 객관성이라는 형식적인 요건은 여전히 확보되기
어렵다. 후설 현상학이 다분히 주관주의적 유아론이 아니냐는
비판도 바로 여기에 근거한다.

이때 본질직관의 방법은 현상학이 학문적 타당성을 나름대
로 주장할 수 있는 근거를 마련해준다. 후설에 따르면, 본질직
관의 결과물인 본질은 '보편성'과 '필연성'을 담지하고 있다. 그
러므로 후설은 "현상들과 관련한 학적인 확정들은 우리가 이
현상들을 절대적인 개별자이자 유일한 것으로서 고정시키고
개념적으로 규정하고자 할 경우, 현상학적 환원에 따라 수행될
수 없는 것은 전적으로 분명하다(『인식론』, p.224)."고 하면서 "본
질 보편성과 필연성을 바탕으로 해 사실이 자신의 합리적인 근

거들, 곧 자신의 순수 가능성의 근거들에 소급해 연관되며 그럼으로써 학적으로 된다(『성찰』, p.106)."고 말한다. 곧 후설 현상학이 하나의 학으로서 정당성을 가지기 위해서는 본질직관의 방법이 절대적으로 필요하다.

본질의 보편성과 필연성

'본질'은 기본적으로 '개별, 특수'와는 대립된 개념이다. 개별적, 특수한 것으로부터 추상화되거나 일반화된 것을 우리는 흔히 본질이라고 부른다. 김치의 경우를 예로 들어보자. 우리는 주변에서 무수한 종류의 김치를 본다. 각 지방마다 또 집안마다 먹는 김치의 종류와 성질이 다르다. 이렇게 다름에도 불구하고 우리는 일정한 조건을 갖춘 이것들에 '김치'라는 이름을 붙인다. 이렇게 다양한 차이에도 불구하고 김치라는 일반적인 이름을 붙일 수 있는 이유는 모든 김치가 공통적으로 지니는 어떤 핵심 속성이 있기 때문이다. 바로 이것 때문에 김치라고 부를 수 있는, 모든 김치들의 공통된 핵심을 우리는 김치의 본질이라고 부른다. 즉, 어떤 특정한 사물이 그렇게 불리고, 또 그런 정체성을 지닐 수 있는 이유는 그것이 지닌 본질 때문이다.

이런 점에서 본질은 이것 없이는 '이와 같은 종의 사물이 자신이 속한 종의 범례로서 결코 생각될 수 없는(『경험과 판단』, p.411)' 사물의 필수적인 요소다. 곧 본질은 '어떤 대상이 이러한 종의 한 대상일 수 있어야 한다면 바로 이 대상에 필연적으로 귀속되어야 하는 것이 무엇인지를 규정하는 필연성의 법칙(『경험과 판단』, p.426)'이다. 이런 점에서 본질은 '필연적'이라는 성격을 지닌다. 또 본질은 해당되는 (이 본질을 지닌) 모든 사물에 적용된다는 점에서 '보편적'이라는 특성을 지닌다. 아울러 본질은 나에게만 타당한 것이 아니라 다른 사람에게도 타당한 초주관적인 속성을 지닌다는 점에서 객관적이다. 이러한 본질의 성격은 그러나 플라톤적인 전통에 근거한 서양철학의 일반적인 규정이기도 하다.

직관의 대상인 본질

후설의 독특성은 이 본질이 직관의 대상이라는 점이다. 곧 본질이 주관 연관적이고 주관의 상관자라는 것이다. 후설에 따르면, 본질은 그 자체로 존재하는 객관적 대상이라기보다는 나에 의해 파악되어야 할 인식의 대상이다. 그래서 후설은 본질직관의 방법에 대해 각별히 관심을 기울인다.

본질직관의 방법은 우선 본질을 파악하고자 하는 어떤 임의의 한 개별적 대상으로부터 시작한다. 그러므로 후설의 철학에서 본질직관은 기본적으로 개체직관을 전제로 한다. 이렇게 선정된 한 대상의 본질을 파악하기 위해서는 우선 이 개별적 대상과 관련된 무수한 변양체(Variante)를 상상 속에서 자유로이 만들어낸다. 그 다음에 이러한 상상작용 속에서 산출된 다양한 대상의 모사물 내지 변양체들 속에서 공통되고 합치되는 것에 주목한다. 그리고 이 합치되는 것을 직관적으로 포착한다. 이렇게 파악된 것이 바로 이 대상의 본질이다.

가령, 의자의 본질을 파악한다고 해보자. 내 눈 앞에 놓인 의자는 어떤 안락의자다. 그런데 상상 속에서 자유롭게 이 안락의자의 변양체를 만들어나간다. 즉, 안락의자뿐만 아니라 식탁 의자, 책상 의자, 벤치, 소파 등 다양한 용도와 형태의 의자들을 머릿속에 떠올려 본다. 나아가 그 재질에 따라 나무 의자, 철제 의자, 플라스틱 의자 등으로 의자들의 여러 상이한 모습들 또한 생각해 볼 수 있다. 그런데 이렇게 다양한 차이 속에서도 서로 겹치고 공통점을 이루는 부분이 나타난다. 의자의 용도와 형태 그리고 재질이 어떠하건, 의자라고 부를 수 있는 기본적이고 핵심적인 속성과 조건들이 두드러지는 것이다. 물론 이 조건과 속성들은 자연과학적으로 규정될 수 있는, 그러한 정밀한 객관적 규정들은 아니다. 그럼에도 의자의 필연적이고 보편적인 속성처럼 보이는 것이 분명히 드러나며, 바로 이것이 후설이 생각하는 의자의 본질이다.

본질직관의 선험적 타당성

그러나 우리는 이러한 후설의 설명에서 본질직관의 방법이 과연 모든 사람이 수행해도 동일한 결과를 가져올 수 있는 것인지 의구심을 갖게 된다. 이것이 여전히 주관적이고 경험적인 요소에 많이 의존하고 있기 때문이다. 그렇기 때문에 후설은 본질직관에서 상상력을 통한 자유변경(freie Variation)의 방법에 강한 의미를 부여한다. 여러 다양한 변양체들을 상상 속에서 산출하라는 것은 그만큼 경험적이고 우연적인 사실성의 세계로부터 벗어나라는 의미를 지닌다.

이러한 상상력의 자유로운 활동이 활성화되면 될수록, 그리고 변양체의 가능범위와 폭이 그만큼 넓고 제한이 적을수록, 본질 파악의 타당성과 완전성의 정도는 높아진다. 그만큼 경험적, 우연적 한계를 넘어서 말 그대로 선험적인 필연성의 영역으로 진입할 가능성이 높아지기 때문이다. 말하자면, 후설은 이 본질직관에서 경험적 사실적 영역으로부터 수학적인 영역과 같은 선험적 필연성의 세계로의 전환을 기대하고 있다.

그렇기 때문에 후설은 수학의 세계에서나 가능한 무한성의 개념을 이 본질직관에 적용한다. 상상에 의한 자유변경이 이른바 '하나의 무한한 변경(『경험과 판단』, p.423)'의 의미를 지녀야 한다고 보는 것이다. 물론 현실적으로 이러한 무한변경은 가능하지 않다. 다만 자유변경을 할 때, 이러한 '무한성의 의식'이 그 밑바탕에 놓여 있어야 함을 말하는 것이다. 자유변경을 제대로 수행하기 위해서는 그만큼 사실성과의 결부를 넘어 가능성의 세계에 진입하려는 의식이 강해야 한다는 것이다.

이러한 본질직관이 현실적으로 얼마나 타당성을 지닐지는 물론 의문일 수 있다. 또 후설도 인정하지만, 본질직관은 경우에 따라 오류에 빠질 수 있고 기만적일 수 있다. 그러나 중요한 것은 후설이 제시한 본질직관의 방법적 규준이다. 최대한 자유로운 상상을 통해 가능적인 본질의 세계로 들어가라는 것이다. 본래 수학자였던 후설은 플라톤과 같이 기본적으로 이러한 가능성의 세계, 즉 필연적인 본질의 영역이 사실의 세계에 우선한다고 본다. 따라서 이러한 방법론적 원칙만 충실히 지켜준다면, 본질직관의 방법은 원칙적으로 주관적 타당성에 매몰되지 않고, 이른바 선험적, 보편적 타당성을 지닐 수 있는 가능성을 내포한다는 것이 후설의 생각이다.

본질에 대한 선이해

여기서 또 하나 고려될 수 있는 문제는 아무리 상상을 통해 자유변경을 하고 다양한 변양체를 만들어낸다 하더라도 넘어설 수 없는 한계가 이미 시작할 때부터 주어지지 않았는가 하는 점이다.[15] 가령, 위에서 예를 든 김치나 의자에 대한 자유변경을 시도할 때, 김치나 의자라는 틀을 완전히 넘어서지 않는 어떠한 범위 내에서만 이것이 이루어진다. 김치에 대한 변양체를 고려할 때, 피자나 파이를 생각하지 않는 것처럼, 의자의 경우에도 아예 범주가 다른 침대나 식탁 같은 것은 애초부터 고려하지 않는다. 이는 이미 본질직관의 출발에서부터 파악될 예정인, 본질에 대한 '선지식'이 관여하고 있음을 뜻한다. 곧 본질직관 이전에, 나는 이것에 대한 본질을 대략적으로나마 알고 있다는 것이고, 또 그럴 경우에만 본질직관의 과정이 순조롭게 진행되기도 한다.

그렇다면, 본질직관은 내가 이미 이전에 어렴풋하게 알고 있던 본질에 대한 선지식을 구체화하고 확증하는 과정이 된다. 문제는 이러한 본질에 대한 선지식이 어디에서 유래했는가 하는 점이다. 후설이 미처 제대로 고려하지 못한 이 문제는 본질직관의 정당성을 위협하는 것처럼 보인다. 선지식이 경험적으로 형성된 것이라면, 본질직관이 다시 경험적, 우연적인 사실의 세계로 내려온 것 같은 인상을 주기 때문이다.

본질과 공동체성

그러나 이 선지식이 반드시 부정적인 의미만을 갖는 것은 아니다. 선지식의 발생에 대해 현상학적으로 탐구할 때, 이 선지식은 이른바 우리에게 하나의 습성 형태로 저장되어 온 것임이 드러난다. 그런데 이 습성이란 근본적으로 개인적, 주관적인 것이 아니라 공동체적, 사회적 성격을 지닌다. 어떠한 습성도 전적으로 개인적인 성격을 지니지는 않는다.[16) 따라서 습성의 형태로 저장된 이 선지식도 전혀 주관적인 것이 아니라, 발생과 기원을 고려할 때, 공동체적이고 상호주관적인 성격을 지닌다. 그리고 뒤에서 언급하겠지만, 이러한 습성은 후설의 세계 개념인 지평의 상관자다. 곧 선지식의 형태로 드러난 본질은 궁극적으로 이러한 보편적 지평으로서의 세계와 연결됨으로써 보편적 세계성의 성격도 함께 지닌다.[17)

이렇게 이해된 본질은 비록 문화와 역사성이 개입됨으로써 본래 후설이 의도한 바와 같은 엄밀하게 선험적인 필연성과 보편성은 아닐지라도 나름의 보편성과 상호주관성을 지닐 수 있다. 특히 상호문화적인 맥락에서 이러한 보편성의 가능성이 제시됨으로써 본래 후설이 제시한 본질 개념보다 현실성과 구체성의 측면에서 더 설득력을 지닐 수 있다. 말하자면, '구체적 보편성'의 관점에서 본질이 고찰될 수 있는 것이다. 그런 점에서 자연과학과는 차별화되는 고유한 현상학적 학문성의 정립을 위해서도 오히려 긍정적인 의미를 지닌다. 그러나 이러한 해석의 가능성은 후설 자신이 명시적으로 제시하기보다는 그의 후기 현상학, 특히 역사성을 강조하는 그의 발생적 현상학의 체계 속에서 '생활세계' 개념을 통해 암시되어 있을 뿐이다.

의식과 세계

후설 현상학의 가장 기본적이면서도 핵심적인 주제는 의식과 세계와의 관계다. 후설 현상학은 사실 이 문제로 시작해서 이 문제로 끝났다고 해도 과언이 아니다. 그리고 후설 현상학을 둘러싼 많은 논란은 후설의 의식과 세계 개념을 어떻게 해석할 것인가와 직간접적으로 연결되어 있다. 우리는 앞의 서술을 통해 후설이 어떤 방향에서 이 문제에 접근하는지 알고 있다.

의식 내지 주관과의 연관성 속에서 세계 개념을 해명하고자 하는 것이 후설 철학의 일관된 목적임은 이미 자명하다. 그런데 후설은 세계 자체의 존재론적 실체적 규정으로부터 시작하기보다는 의식을 먼저 해명한 후, 이 의식에 세계가 어떻게 주어지는지, 의식은 이 세계를 어떻게 인식하는지의 인식론적 관점에서 세계 문제에 접근한다. 이는 세계를 선입견 없이 바라보고자 하는 후설의 본래 의도에 충실한 것이기도 하다. 내가 확신할 수 있는 것은 의식에 주어진(나타난) 세계의 모습(현상)이고, 이를 근거로 세계 자체에 접근해 가겠다는 것이다. 최소한 의식을 통해 주어진 것만큼은 어떤 선입견이나 불확실성에 의해 매개되지는 않을 것이라는 게 후설의 믿음이다.

그렇기 때문에 후설의 철학에서는 의식에 대한 분석이 세계에 대한 분석에 방법론적으로 선행한다. 그리고 이 과정에서 불가피하게 세계에 비해 의식에 강조점이 주어지고, 의식의 세계에 대한 질적 차별화와 인식론적인 우위성이 부각되기도 한다. 이는 마치 의식에 세계가 종속된 듯한 인상을 주기도 한다. 그러나 후설의 주된 초점은 의식과 세계의 차별화와 분리에 있는 것이 아니라 양자 간의 결합성에 있다. 다만 이 결합의 근거가 무엇인지를 밝히려는 것이 후설 현상학의 궁극적 과제다. 이런 의미에서 후설은 "인식하는 이성이 존재자가 무엇인지를 규정하는 곳에서 이성과 존재자는 분리될 수 있는가?(『위기』, p.9)"라고 반문한다.

의식과 사물이 주어지는 방식의 차이

후설의 현상학이 의식으로부터 출발하고, 또 이 의식에 각별한 의미를 부여하는 이유는 본래 후설의 철학이 브렌타노의 영향을 받아 심리학에 대한 관심으로부터 시작했다는 측면도 있지만, 의식이 지니는 독특한 소여방식 때문이기도 하다. 후설은 의식, 정확히는 의식체험이 지각되는 방식과 외적인 사물이 지각되는 방식을 엄격히 구분한다. 그리고 이 구분을 통해 사물에 대해 의식체험이 지니는 인식론적 우월성을 강조한다.

의식체험에 대한 지각을 후설은 심리학적인 용어인 '내성(Introspektion)' 그리고 브렌타노의 용어인 '내적 지각(innere Wahrnehmung)'과 구분해 '내재적 지각(immanente Wahrnehmung)'이라 칭한다. 내재적 지각의 특징은 지각대상인 체험과 지각작용 자체가 하나의 체험류 속에서 하나로 결합되어 있다는 데 있다. 가령, 내가 사랑의 감정을 지니고 있을 때, 이 내적 체험으로서의 사랑의 감정은 이를 반성적으로 느끼고 지각하는 작용과 불가분리로 통일성을 이룬다. 이는 모든 체험에 대한 내재적 지각에 해당된다. 즉, 내재적 지각 속에서는 지각과 지각된 것이 모두 동질적인 의식체험의 범주에 속하며, 그 범주 내에서 하나의 통일체를 이루는 것이다.

반면, 외적 대상에 대한 지각은 일종의 초월적(transzendent) 지각으로 지각작용과 지각대상은 의식 속에서 하나의 통일체를 이루지 않는다. 지각작용 자체는 의식체험인 반면, 지각대상은 이를 초월한 것이기 때문이다. 보다 중요한 차이는, 의식체험과는 달리 외적 사물은 전체가 온전히 지각되고 주어지는 것이 아니라 일부만이 주어진다는 점이다. 어떤 측면에서 보느냐에 따라 그 면만 보이는 것이다. 후설은 이를 가리켜 '사물은 음영(Abschattung)을 통해 주어진다.'고 표현한다.

명증성

이러한 의식체험과 사물의 소여방식 차이를 후설은 명증성의 차이로 구분한다. 위에서 보듯 체험은 그 자체로 온전히 주어지고, 사실상 전면적으로 파악된다. 더구나 이 체험의 존재성에 대해서는 의심의 여지가 없다. 이와 같이 '어떤 것이 그 자체로서 온전히 주어짐'과 '그 존재성이 의심할 바 없음'이라는 두 성격을 만족할 때, 후설은 이를 '명증성(Evidenz)'을 지닌 것으로 본다. 여기서 전자를 '충전적(adäquat)', 후자를 '필증적(apodiktisch)' 명증이라고 각각 나누어 부르기도 한다. 한마디로 어떤 대상이 분명하게 그리고 확실하게 주어지거나 인식될 경우, 이를 명증적이라고 보는 것이다.

이런 의미에서 명증의 또 다른 표현은 대상의 '자기소여성 (Selbstgegebenheit)'이다. 대상이 있는 그대로 주어지거나 자기를 드러낼 때, 이 명증성을 충족한다. 후설은 자신의 현상학적 체계가 자리 잡힌 이후, 줄곧 이 명증성의 토대를 찾고 이를 정당화하는 데 힘을 기울였다. 사실 인식론적으로 인식의 이상이자 목적이기도 한 명증성은 후설의 철학에서 진리의 기준으로 간주되며, 이 명증성을 근거로 후설은 현상학의 방법론적 토대를 정립한다. 그럼으로써 앞서 언급된 현상학의 방법론적 규범들은 모두 이 명증성 개념으로 수렴된다. 가령, 무전제성의 요구와 엄밀한 학문성에 대한 요구는 바로 이 명증적인 토대의 추구로 이해될 수 있다.

이렇게 현상학의 핵심 축으로 자리 잡은 명증성에 대한 요구를 충족시킬 수 있는 최적의 곳으로 후설이 가리키고 있는 것이 바로 '의식체험'이다. 그리고 이에 대한 나름의 충분한 근거 또한 있다. 의식체험의 탁월한 소여방식 때문이다. 의식체험은 사물과는 달리 그 자체로 음영지지 않은 채 온전히 주어질뿐더러, 체험 자체가 그 존재성을 보증할 만큼 확실하다. 명증적인 의식주관을 출발점으로 하는 그의 '초월론적 현상학'은 바로 여기에서 정당성의 근거를 갖는다.

초월론적 의식의 절대성

앞에서 우리는 판단중지와 초월론적 환원을 통해 드러난 의
식은 일상적인 세계 내 존재로서의 경험적, 심리적 의식이 아니
라, 이른바 비세계적인 존재로서의 초월론적 의식으로 규정됨
을 보았다. 이럴 경우 초월론적 의식은 경험적으로는 드러나지
않는, 마치 하나의 형이상학적 존재인 것처럼 여겨진다. 사실
후설은 초월론적 의식이 이러한 존재론적, 형이상학적 규정을
지니는 것에 대해 매우 신중한 태도를 취하며, 오해를 피하기
위해 이를 가리키는 직접적인 규정은 가급적 삼가고 있다. 형이
상학적인 규정은 원칙적으로 현상학의 본래 취지와 맞지 않기
때문이다.

그러나 이미 살펴본 바와 같이 이 의식이 자연적 태도에 대
한 판단중지와 맞물리고, 이른바 세계성에 대한 배제 후 남게
되는 하나의 잔여물 내지 세계초월자로서의 성격을 지니는 순
간, 부득이 오해 또는 혼란을 야기 시키는 존재론적 규정 또한
가능해진다. 그리고 후설 또한 이러한 오해에 상당한 기여를 하
기도 한다. 바로 초월론적 의식에 '절대성(Absolutheit)'을 부여하
는 것이다.

후설은 초월론적 의식이 세계 존재에 대한 믿음의 배제를 통
해서도 영향을 받지 않고 존속한다는 점을 강조한다. 다시 말해

세계에 의존하지 않고 존재할 수 있다는 것이다. 이러한 의식의 존재성격을 가리켜 후설은 '절대적'이라고 부른다. 후설은 '세계무화(Weltvernichtung)의 잔여로서의 절대적 의식(『이념들 I』, p.114)'이라는 표현을 쓰면서 자신의 존재를 위해 다른 어떤 것에도 의존하지 않는다는 의미에서 의식에 절대성을 부여한다.

의식의 절대성과 세계의 의식 의존성의 의미

후설이 말하는 의식의 절대성은 그러나 세계에 대해서만 의미를 지니는 상대적인 절대성이다. 따라서 이는 모든 것에 대해 무소불위의 절대적 권능을 갖는 신적인 존재가 지니는 절대성과는 다르다.[18] 그런데 문제는 의식은 절대적인 것으로서 세계 없이도 존재할 수 있지만, 세계는 이러한 의식과 연관해 절대성을 지니지 못한다는 후설의 주장이다. 즉, 의식은 '그 자체 완결된 존재연관'으로서 '여기로 어떠한 것도 침투해 들어가거나 여기에서 어떤 것도 빠져 나올 수 없는 절대적 존재의 연관(『이념들 I』, p.117)'인 반면, 세계는 '의식에 대해 단순히 존재의 이차적, 상대적 의미를 지니는 그러한 존재(『이념들 I』, p.117)'라는 것이다. 따라서 후설은 절대적인 자기완결적인 존재성을 지니는 의식과는 달리 "초월적인 사물의 세계는 전적으로 의식, 그것도 논리적으로 사유된 의식이 아닌 현실적인 의식에 의존한다(『이념들 Ⅰ』, pp.115~116).”고 말한다. 의식이 세계 없이 존재할 수 있다는 주장을 넘어서서 세계는 전적으로 의식에 의존해 있다는 것이다. 그러나 의식의 독자적 존재성과 절대성을 인정한다 하더라도 세계가 상대적이고 의식에 의존한다는 주장이 이로부터 자연스럽게 도출될 수 있는 것인가? 이러한 세계의 상대성 주장은 과연 현상학적으로 설득력 있는 주장인가?

여기서 후설의 주장을 존재론적, 실체적인 관점에서 의식을 신격화하는 것으로 이해해, 마치 의식이 세계의 창조자인양 세계 위에 군림하고, 또 세계는 의식 없이는 근본적으로 존재할 수 없는 불완전한 것으로 해석한다면, 이는 후설이 판단중지를 수행한 본래 의도와 맞지 않는다. 판단중지를 통해 세계의 존재성 여부에 대해 일체의 판단을 삼간다면 세계가 존재하지 않는다고 말해서도 안 되겠지만, 세계가 실질적으로 의식에 의존해야 할 만큼 존재성이 취약하거나 불완전하다고 주장할 근거 또한 없다. 이렇게 볼 때 의식의 절대성 주장으로부터, 아니 보다 근원적으로는 세계와 차별화되는 순수의식의 존재성 자체로부터 세계의 의식 의존성 내지 상대성이 존재론적으로 자동 도출될 수 있는 것이 결코 아님을 알 수 있다. 그렇다면 이러한 후설의 의식의 절대성과 세계의 상대성 주장을 우리는 어떻게 이해해야 할까?

여기서 주목할 것은 후설이 의식의 절대성 주장을 앞서 살펴본 소여방식과 연관시키고 있다는 점이다. 즉, 의식(체험)이 명증적으로 주어진다(지각된다)는 점을 의식의 절대성 주장에 대한 또 하나의 근거로 삼고 있다. 이런 의미에서 후설은 다음과 같이 말한다.

> 의식과 실재 사이에는 의미의 진정한, 넘기 힘든 간격이 있다. 후자는 음영지고, 원칙적으로 단지 추정적인 지평 속에서 결코 절대적으로 주어지지 않는, 단지 우연적이고 의식상대적인 존재이며, 전자는 하나의 필연적이고 절대적인 존재로서 원칙적으로 음영과 현출(항상 그 자체 지각된 것이 존재하지 않을 가능성을 열어 놓는 추정의 방식인)을 통해 주어지지 않는 존재다.
>
> — 『이념들 Ⅰ』, p.117

이러한 후설의 주장에서 우리는 세계가 우연적이고 상대적이라는 것은 다만 이것이 의식에 주어지는 방식이 '명증적이지 않다'는 것에 근거를 두고 있음을 알 수 있다. 곧 후설은 소여방식과 관련해 실재(세계)가 온전하게 명증적으로 주어지지 않음을 절대성의 개념과 대비시켜 '상대적이고 우연적'이라고 표현하고 있다. "세계는 부단히 확증되는, 하지만 지속적인 상대성 속에서 확증되는 하나의 필증적인 추정의 형식에서 증명된다(『위기보충』, p.330)." 자기소여성 속에서 주어지는 의식의 경우는 그 반대다.

그런데 여기서 소여방식이란 기본적으로 하나의 인식론적 개념이다. 주어지는 방식은 다른 식으로 말하면, 내가 어떤 것을 그렇게 바라보고 이해한다는 의미이기도 하다. 의식의 절대성과 세계의 상대성 주장을 존재론적으로 보기보다는 소여방식과 관련해 인식론적 맥락에서 이해할 경우, 현상학적으로 더 설득력을 지닌다. 어떤 형이상학적 전제 없이 주어진 의식체험으로부터 출발하는 것이 현상학의 본래 정신에 부합하기 때문이다.

세계와 의식의 관계를 소여방식에 따라 인식론적으로 해명한다는 것은 곧 세계가 의식에 어떻게 주어지고 받아들여지는지를 밝힌다는 의미다. 그래서 후설은 후기에 이르러 아예 현상학의 중심과제를 '소여방식의 여하함에 따른 세계(『위기』, p.163)'라고 단정적으로 말한다. 그런데 이러한 소여방식의 해명을 통해 후설은 초월론적 의식과 세계가 필연적인 연관관계를 맺는다고 본다. 그럼으로써 세계는 의식에 대해 하나의 의미적 존재가 되고, 양자는 인식론적으로 불가분리의 통일성을 이룬다는 것이다. 바로 여기에 후설이 주장하는 의식의 절대성과 세계의 의식 의존성의 참된 의미가 놓여 있다고 보아야 할 것이다. 즉, 세계가 상대적이고 의식 의존적이라는 것은 단지 우리에게 세계가 그렇게 주어지고 나타난다는 것을 의미할 뿐이다. 그러면 의식은 구체적으로 어떤 식으로 세계와 연관관계를 맺고 있는가? 이제 우리는 후설 현상학의 핵심적 주제로 진입한다.

지향성과 구성

판단중지를 통해 세계를 배제함으로써 초월론적 의식을 드러냈다면, 이제 초월론적 의식은 배제된 세계의 존재의미를 되살려 해명해야 할 차례다. 이를 통해 의식과 세계와의 연관성이 밝혀져야 한다. 여기서 핵심은 어떻게 비세계적인 존재로서 이른바 절대적인 것으로 간주된 의식이 이질적이고 초월적인 세계와 관계를 맺고, 또 자신의 영역을 넘어 세계로 나아갈 수 있는가 하는 것이다. 이에 대한 답은 이미 후설 현상학의 초기에서부터 준비되어 있었다. 바로 의식의 '지향성'에 근거해 의식이 세계와 연관을 맺는다는 것이다. 의식체험을 출발점으로 하는 후설 현상학에서 지향성 개념은 매우 중요한데, 따라서 후설은 지향성을 '일관된 현상학적 구조들에 대한 하나의 포괄적인 명칭(『이념들 I』, p.204)'이라고 규정하기도 한다.

'지향성' 개념은 본래 브렌타노의 철학적 개념이다. 후설은 스승인 브렌타노의 지향성 개념을 나름대로 발전시켜 자신의 철학체계에 적용했다. 물론 이 개념은 중세 아퀴나스에까지 소급해 갈 수 있을 만큼 오래된 개념이다. 지향성은 물리적 현상과는 구별되는 심리적 현상, 즉 의식의 고유한 특성을 가리키는 것으로, 모든 의식작용은 반드시 그 상관자로 어떤 대상을 품고 있다는 것이다. 가령, 내가 어떤 것을 지각하거나 상상할 때, 또 욕구하거나 추구할 때, 그리고 기쁨과 즐거움을 느낄 때, 각각 이에 상응하는 대상이 존재하고, 또 이 대상은 반드시 의식작용과 연관을 맺는다. 지각되고, 상상되고, 욕구되고, 추구되고, 기쁨과 즐거움을 느끼게 되는 어떤 대상 없이는 이러한 의식작용이 존재할 수 없다는 것이 지향성 개념의 핵심이다. 따라서 후설은 지향성 개념을 가리켜 단적으로 의식은 반드시 '어떤 것에 관한 의식(Bewusstsein von Etwas) (『이념들 I』, p.74)'이라고 특징짓는다.

이처럼 지향성 개념에서 핵심적인 것은 대상성이다. 어떻게 단순한 의식작용이 그 상관자인 대상과 연관을 맺고, 그 대상을 의식 내에 지닐 수 있는가는 다소 신비스러운 측면이 있는 것도 사실이다. 그러나 브렌타노는 이 대상이 의식과 관련을 맺는다는 사실적, 심리적인 측면에만 초점을 두었을 뿐, 어떻게 의식이 이 대상과 연관을 맺는가 하는 인식론적인 측면에까지 관심을 두진 않았다. 그러나 후설은 의식의 지향성과 관련해 어떻게 의식이 이 대상을 지니게 되었는가 하는 점을 인식론적 측면에서 보다 근본적으로 파헤친다.

가령, 사과나무에 달려 있는 사과 하나를 본다고 하자. 이 사과는 나에게 어느 한 쪽에서만 지각될 수 있다. 이 사과가 높은 나무에 매달려 있다고 할 때, 나무 아래에 있는 나는 이 사과의 위쪽이나 뒷면까지 볼 수는 없고, 다만 이 사과의 측면 혹은 밑면만을 보게 된다. 그러나 이렇게 어떤 특정 측면에서만 주어진 감각적 자료를 가지고 나는 이것이 하나의 온전한 사과라고 지각한다. 중요한 것은 주어진 감각자료들이 분명 사과의 전부에 대한 감각자료가 아니고 단지 부분이라는 점이다. 그렇지만 나는 이 직접적으로 주어진 것을 넘어서서 하나의 통일체로서의 사과를 인식한다. 사실 이러한 사례는 모든 일상적인 지각대상에 해당될 수 있고, 이는 우리의 일상적 경험이기도 하다. 그런데 이것이 어떻게 가능한가?

후설은 이것이 지향적 체험 내지 작용 덕분이라고 본다. 지향성은 근본적으로 대상을 형성하는 의식의 고유한 기능으로서, 후설은 "모든 지향적 체험은 대상화하는 작용 혹은 그러한 작용을 토대로서 지닌다(『논리연구 II/1』, p.514)."고 말한다. 지향적 의식의 특징은 대상성을 추구하면서 오직 이를 위해 최대한 노력한다는 점이다. 지향성은 단적으로 대상성을 향한 하나의 '의지'다.[19] 그러므로 주어진 감각자료를 어떤 식으로든 대상성에 맞게 종합하고 해석해서 의식체험을 초월해 있는 하나의 대상으로 연결시키는 것이 지향적 의식의 핵심 역할이다.

그런데 대상이란 기본적으로 감각적 소재를 초월한 일종

의 의미의 통일체다. 그러므로 감각적 성질들을 이러한 통일체로서의 대상성에 접목시키기 위해서는 무규정적인 감각적 소재에 의미부여(Sinngebung)를 해 하나의 의미 있는 대상으로 해석하는 작용이 필요하다. 후설은 이러한 대상산출적인 의미부여 작용을 『논리연구』에서 '파악(Auffassung)' 내지 '통각(Apperzeption)'이라고 불렀다.[20] 그리고 이후 초월론적 현상학의 체계가 구체화되면서, 이를 다시 '노에시스(Noesis) 작용'으로, 그리고 이러한 노에시스 작용을 통해 형성된 의미의 통일체, 즉 지향적 대상을 '노에마(Noema)'라고 부름으로써 지향적 체험의 구조를 더욱 구체화한다.

이러한 노에시스-노에마 구조에 따른 지향적 의식의 대상 형성작용을 후설은 '구성(Konstitution)'이라고 부른다. 그리고 이러한 구성활동의 주체가 바로 초월론적 의식이라고 본다. 후설은 초월론적 의식에 보다 구체적이고 주체적인 의미를 부여해 '초월론적 주관성(transzendentale Subjektivität)'이라고 부르기도 한다. 초월론적 주관성의 주된 역할은 구성작용을 통해 사물에 의미를 부여함으로써 이른바 '지향적 대상'을 형성하는 것이다. 이 지향적 대상이 의식의 상관자로서 초월론적 주관과 필연적인 연관관계를 맺는 것이다. 그러나 이러한 초월론적 주관성의 지향적, 구성적 기능은 자연적 태도에서는 드러나지 않는다. 그래서 후설은 오직 이러한 것은 초월론적 환원을 통한 반성적 태도에서, 곧 현상학적인 태도변경을 통해서만 드러나고 해명될 수 있다고 본다.

이로써 후설이 세계와 관련해 초월론적 의식에 부여한 절대성의 의미는 초월론적 주관성의 구성작용을 통해 그 의미가 보다 분명해진다. 세계는 지향적 체험 속에서 구성된(의미 부여된) 것으로 주어지고 파악된다. 그리고 그 세계는 주관성에 의존한다. 따라서 세계가 의식에 의존한다는 앞서의 주장은 바로 이렇게 세계가 하나의 지향적 대상으로서 초월론적 주관성에 주어지고, 또 그럼으로써 이것과 연관을 맺는다는 것으로 해석할 수 있다. 이리하여 주관과 세계는 지향적인 연관 속에서 하나로 결합되어 있음이 밝혀진다.

현상학적 관념론

의식과 세계와의 관계는 이제 지향적 관계로 밝혀졌다. 세계는 초월론적 주관성에 의해 구성된 하나의 지향적 대상이다. 지향적 대상성이 주관성에 의해 형성된다는 조건 하에서, 후설 현상학은 세계가 의식에 대해 하나의 현상 혹은 관념으로 존재한다는 이른바 관념론의 체계를 이루게 된다. 후설 스스로도 자신의 현상학을 관념론이라고 부르기도 한다. 그러나 후설은 자신의 관념론이 칸트의 관념론과는 다름을 강조한다.

칸트 식의 관념론은 선험적 인식 형식에 바탕을 두고 의식의 자발성을 강조하고 있다는 점에서 후설의 관념론과 매우 유사한 형태를 띠기는 한다. 그러나 후설의 관념론은 칸트처럼 하나의 한계개념으로서 물자체를 인정하지 않는다. 이런 점에서 결정적인 차이를 보인다. 이 차이는 후설 현상학의 세계 개념을 이해하는 데 매우 중요한 의미를 지닌다.

우리는 주관성에 의해 구성된 '의미'로서의 대상은 단지 하나의 현상이고, 참된 존재는 배후에 따로 있다고 여기기 쉽다. 보인 것과 실재가 다를 수 있기 때문이다. 그런데 후설의 현상학은 이러한 통념을 깬다. 초월론적 주관성이 바라보고 의미를 부여한 지향적 대상은 어떤 실재의 '표상'이 아니라 '실재 그자체'라는 것이다. 말하자면 지향적으로 의미 부여된 세계 밖에 또 다른 궁극적 실재의 영역은 없다. 모든 것은 초월론적으로 구성된 의미의 영역에 포괄되어 있다.

이러한 후설의 관념론은 어떤 면에서 물질적인 실체성을 부정하는 버클리의 관념론과 유사한 구조를 보인다. 그렇다고 후설이 세계 자체의 현실성과 실재성을 부정하는 것은 아니다. 의식주관이 지각할 때만 세계가 존재한다는 식의 극단적인 주관적 관념론자가 아닌 것이다. 세계는 현실적으로 분명 존재한다. 다만 우리는 이 세계를 하나의 지향적 상관자로 이해하고 해석하는 것이다. 이런 의미에서 후설은 다음과 같이 말한다.

현상학적 관념론은 실제세계의 현실적 현존(우선은 자연의)을 결코 부정하지 않는다. 현상학적 관념론은 실제세계를 마치 자연적 사고와 실증 과학적 사고가 빠져있는 (비록 스스로는 알아채지 못할지라도) 가상이라고 생각하듯이 이 세계를 부정하는 것은 아니다. 현상학적 관념론의 유일한 과제와 활동은 이 세계의 의미, 정확히는 이 속에서 세계가 모든 사람에게 현실적으로 존재하는 것으로서 간주되고, 또 참되게 정당하게 간주되는 그 의미를 밝히는 것이다.

－『이념들 Ⅲ』, p.152

발생적 현상학과 모나드

후설의 철학에서 의식은 기본적으로 구체적인 개별적인 체험류다. 그래서 추상적이고 형식적인 의식주체를 출발점으로 하는 칸트 식의 의식관과는 다르다. 구체적인 체험류를 탐구대상으로 정함으로써 후설 현상학의 의식분석은 생동성과 직접성을 담아낼 수 있다는 장점을 지닌다. 그런데 끊임없는 흐름 속의 체험을 문제 삼는다는 것은 그만큼 이를 포착하기가 쉽지 않음을 암시한다. 그래서 후설은 부단한 흐름 속의 개개의 체험 자체보다는 이러한 '체험의 본질론'으로서의 현상학의 측면을 강조한다.

그러나 여기서 후설이 결코 간과할 수 없는 것은 의식체험이 하나의 시간성 속에 놓여 있다는 것이고, 더 나아가 의식에 의해 구성된 산물조차 이러한 시간적 계기 속에 놓임으로써 일종의 역사성을 지닌다는 점이다. 의식에 의해 구성된 것은 사라지는 것이 아니라, 내 의식의 침전물 속에 남아 나의 습성과 역사를 이룬다. 가령, 현재 나에 의해 구성된 A라는 대상이 있다면, 이는 내 지식의 저장고 속에 언제라도 되살릴 수 있는 형태로 남게 되며, 내 습관의 토대를 이루게 된다. 그럼으로써 이 A는 또 다른 대상인식을 위한 기초로 작용하며, 기존에 형성된 다른 대상형성물들과 더불어 나의 주변세계를 내게 친숙한 대상들의 세계로 만든다.

이처럼 의식과 의식형성물 그리고 이를 둘러싼 세계를 시간성과 역사성의 측면에서, 그리고 구체적이고 포괄적인 연관 속에서 살펴보고자 하는 것이 바로 후설의 '발생적 현상학(genetische Phänomenologie)'이다. 발생적 현상학은 1920년대 이후 체계가 잡히기 시작해 후설의 후기 현상학을 지배한 고유한 방법론적 틀이다. 그리고 발생적 현상학과 대비되는 것이 '정적 현상학(statische Phänomenologie)'이다. 정적 현상학은 의식의 형식적, 보편적 구조에만 초점을 맞추어 시간성과 역사성의 계기는 간과한 채 의식의 보편적 기능과 활동에만 중점을 둔다. 그러므로 의식과 세계와의 연관도 구체적인 내용성을 결여한 채 추상적인 방식으로만 설명된다. 특히 의식의 구성물들이 지니는 역사적 연관은 제대로 고려될 수 없다.

발생적 현상학이 등장하기 이전, 후설의 현상학은 정적 현상학의 방법론적 틀에 의존했다. 따라서 의식의 상관자인 세계 또한 세계의 형식적 구조만이 제시될 뿐, 역사성과 구체성 속에서 고찰될 수 없었다. 발생적 현상학은 이러한 정적 현상학의 한계를 극복하기 위한 하나의 대안으로 등장했다는 점에서 형식보다는 내용에 가치를 둔다. 그러므로 발생적 현상학은 의식작용보다는 의식의 형성물인 대상, 정확히는 대상성의 발생과 그 과정에 강조점을 둔다.

우리가 지니고 있는 모든 대상에 대한 지식은 최초 앎의 시점이 있고, 이로부터 이 지식은 지속적인 나의 소유물이 되는데, 이러한 대상적 지식의 발생과정을 추적해 그 의미연관을 밝히는 것이 발생적 현상학의 과제다.

가령, 성인이 된 나는 지금 가위의 의미에 대해 잘 알고 있고, 이를 습관적으로 잘 사용하고 있다. 그러나 이 가위에 대한 앎은 최초 이에 대한 능동적 앎(능동적 발생)의 시점을 전제로 한다. 그런데 일단 가위에 대한 앎이 이루어진 이후, 나는 별도의 의미부여 작용 없이 가위를 무의식적으로 사용한다. 일단 형성된 가위에 대한 지식은 언제라도 되살릴 수 있는 형태로, 이른바 습관적인 지식이 된 것이다. 발생적 현상학에 따를 때 이렇게 나의 '지속적인 획득물(『성찰』, p.102)'로서 나의 일부가 된 지식의 침전물은 나의 습성과 인격의 바탕이 되고, 나의 역사를 형성하게 된다. 그리고 이에 상응하는 세계 또한 공허한 형식적 구조로서의 세계가 아니라 내게 친숙한 하나의 역사세계로, 이른바 '주위세계(Umwelt)'로 구성되는 것이다.

후설은 이렇게 습성과 역사성의 담지자로서의 구체적인 초월론적 주관성을 가리켜 '완전한 구체성 속에서 이해된 자아(『성찰』, p.102)'라는 의미에서 라이프니츠(Gottfried Wilhelm von Leibniz)의 용어를 따라 '모나드'라고 부른다. 모나드로서의 자아는 단지 '동일성의 극으로서의 자아'라는 의미만을 지니는 것이 아니라 자신이 구성해낸 지향적 산물을 그 자체 안에 함유하고, 또 이를 바탕으로 해 지속적으로 세계 구성을 해나감으로써 자신을 보다 풍부하게 하는, 이른바 생성과 발전 속에 있는 역사적인 존재다. 모나드는 "현실적, 잠재적인 의식 삶 전체를 포괄한다(『성찰』, p.102)." 그럼으로써 그 상관자인 세계 또한 마찬가지로 구체적이고 역사적인 성격을 지니게 되는 것이다.

이제 초월론적 주관성이 모나드로 이해됨으로써 의식과 세계의 연관성에 대한 현상학적 해명은 보다 깊어지고 구체화된다. 후설이 그의 후기에 이르러 이 세계를 단순히 '세계'로 표현하지 않고 '생활세계'로 표현하는 것은 이와 무관하지 않다. 세계는 이른바 '구체적 통일성(『위기』, p.133)' 혹은 '보편적 구체성

(『위기』, p.134)'의 의미에서 생활세계라고 불리며, 후설은 이러한 생활세계의 성격을 '지평(Horizont)'이라는 개념을 갖고 적절히 표현하고 있다.

생활세계

'생활세계'의 개념이 갖는 의미

후설 현상학에서 생활세계 개념은 아마도 후설 연구자들 사이에서 가장 많은 관심과 논란을 불러일으킨 개념 중 하나일 것이다. 생활세계 개념이 지니는 구체성과 현실성은 다소 관념적이고 주관주의적인 경향을 띠는 후설 현상학의 전반적인 체계에서 신선하면서도 특이한 인상을 주기 때문이다.

그렇다고 생활세계 개념이 후설이 말한 기존의 초월론적 관념론과는 완전히 다른, 그래서 후설 현상학의 근본적 변화를 함축하는 것은 아니다. 후설은 그의 생애 말기까지도 초월론적 현상학과 관념론의 체계를 결코 포기하지 않았으며, 오히려 이를 더 강화하고 정당화하려는 모습을 보였다. 이는 그가 생을 마감하기 직전에 출간한 그의 마지막 저서의 제목을 『유럽학문의 위기와 초월론적 현상학(Die Krisis der europäischen Wissenschaften und die transzendentale Phänomenologie)』이라고 부르고 있는 데서 잘 알 수 있다. 그런데 사실 생활세계 개념은 후설의 저서 『위기』에서 집중적이고 또 체계적으로 논의되는 개념이다. 그러므로 생활세계 개념이 후설 현상학의 어떤 본질적 변화를 함축하는 것이 아님은 분명하다. 후설은 다만 자신의 초월론적 현상학의 정당화를 위해 생활세계 개념을 필요로 하고 있으며, 이는 『위기』의 제3부 A의 큰 제목을 '선소여된 생활세계로부터 출발해 되물음 속에서 현상학적 초월론 철학에 도달하는 길'이라고 명명하고 있는 데서도 잘 나타난다. 말하자면, 생활세계는 자신의 완성된 철학체계인 초월론적 현상학으로 가기 위한 하나의 발판이자 실마리 개념인 것이다.

물론 후설 스스로는 명시적으로 생활세계 개념에 기존의 체계와는 다른 어떤 적극적이고 혁신적인 의미부여를 하지 않는다. 하지만 이 개념이 갖는 파장과 영향력은 매우 크다. 경우에 따라 후설 현상학의 전 구도를 바꾸어 놓거나, 심지어는 자신의 본래 체계인 초월론적 현상학의 기본 틀까지 위협할만한 - 비록 후설 스스로는 의식하지 못했을지라도 - 파격적인 내용도 스며들어가 있다. 후설 현상학의 초점을 초월론적 주관성과 그 구성작용에서가 아니라 생활세계 개념에서 찾으려는 최근 연구의 한 경향은 바로 여기에 근거한다.[21] 사실 생활세계 개념 자체만을 놓고 볼 때, 이는 후설 현상학만의 고유한 개념이라기보다 20세기 현대철학의 중심개념에 가깝다. 구체적인 인간적 삶의 세계를 표현하고 있다는 점에서 생활세계 개념은 메를로-퐁티(Maurice Merleau-Ponty), 슈츠(Alfred Schutz), 하버마스(Jürgen Habermas) 등의 후대 철학자들에게 많은 영향을 끼쳤다.

생활세계 개념이 갖는 중요한 철학사적 의의는 주관과 객관 어느 한 쪽에 치우치지 않은 양자의 중간영역으로서의 세계 개념, 보다 구체적으로는 주관과 객관이 하나로 통일된 세계 개념을 제시했다는 점에 있다.[22] 막연히 주관과 객관의 통일체로서의 세계 개념을 주장하기는 쉽다. 실제 그러한 시도가 철학사적으로 없었던 것도 아니다. 그러나 구체적으로 이것이 어떻게 가능한지를 그 근원에까지 캐물어 현상학적으로 해명하고 있다는 점에서 후설의 생활세계 개념은 의의를 갖는다.

그러나 그의 저서인 『위기』에서 생활세계 개념을 주제화하려는 후설의 직접적인 동기는 자연과학적 객관주의 비판이다. 후설은 객관주의에 의해 세계 개념이 일면적으로만 파악되어온 서구의 역사를 파헤치면서 객관주의, 특히 근대의 객관주의적 자연과학이 왜 이렇게 일면적인 세계 이해에 이를 수밖에 없었는지를 해명하고자 한다. 여기서 얻은 후설의 결론은, 바로 근세의 자연과학이 우리의 실제적 삶의 세계인 생활세계를 망각했기 때문이라는 것이다. 그의 진단에 따르면, 이 결과로 야기된 것이 바로 현대에 나타난 학의 위기다.

학의 위기와 그 원인

후설은 당대의 학들이 전반적으로 실증주의적 경향을 띠고, 오로지 객관성이라는 미명 아래 경험적 사실성에만 관심 갖는 풍토를 비판한다. 실증적 학들은 인간에게 가장 절실한 문제는 도외시한 채, 오직 방법적 객관성과 엄격성만을 강조하고 학적인 체계를 더 중요하게 여긴다. 그리고 '학 일반이 인간적 현존재에게 의미했고 의미할 수 있는 것(『위기』, p.3)'에 대한 물음에 대해서는 철저히 침묵한다.

우리의 삶이 곤란에 빠져 있을 때, ─ 우리가 잘 알고 있는 바처럼 ─ 실증적 학은 우리에게 아무것도 말해 주지 않는다. 이 우리의 불행한 시대에서 가장 운명적인 변혁들에 내맡겨진 인간들에게 절박한 물음, 즉 전 인간적 현존재의 의미와 무의미성에 대한 물음을 학은 원칙적으로 배제하고 있다.

─ 『위기』, p.4

이러한 실증적 학의 가장 큰 오류는 인간의 주관적 삶을 오로지 객관적으로 확증 가능한 사실성으로 환원시켜 버림으로써 주관성 자체를 추상화했다는 점이다. 인간은 더 이상 하나의 주체로서 의미를 지니지 못하고, 양화 가능한 존재로 대상화된다. "단순한 사실학은 단순한 사실적 인간을 만들 뿐이다(『위기』, p.4)." 그래서 학과 인간적 삶과의 관계가 단절되었을 뿐만 아니라 신과 이성, 정신, 영원성 등과 같은 '최상의 궁극적 문제들에 관한 학(『위기』, p.7)'으로서 형이상학의 보편적 주제들 또한 논의될 여지가 없어진다. 후설은 이를 한편으로 철학과 개별과학과의 단절로 이해한다. "실증주의는 말하자면 철학의 목을 잘라버렸다(『위기』, p.7)."

이러한 당대의 실증적 학의 인간적 삶에 대한 무관심, 그리고 이로 인한 철학적 의미의 상실 등의 현상을 총체적으로 일컬어 후설은 '학의 위기'로 규정한다. 학의 위기란, 후설이 단적으로 표현한 바와 같이 '삶의 유의미성 상실로서의 학의 위기(『위기』, p.3)'이며, 학과 인간의 삶 그리고 철학과의 긴밀한 연관관계가 상실되었음을 의미한다.

근대 이후 학이 인간 삶을 지배하는 한, 학의 위기는 동시에 인간 삶 자체의 위기이기도 하다. 이러한 학의 위기는 한편으로 학의 근원적인 의미에 따르면, 학이 그렇지 않았어야 함을 전제로 한다. 즉, 참된 의미의 학은 인간의 삶을 고려하고 이와 연관성을 지녀야 한다. 후설에 따르면, "학이 엄밀히 정초된 진리의 요구를 항상 우리의 실증적 학을 방법적으로 지배하는 객관성의 의미에서 이해했던 것은 아니다. …… 고유한 인간성에 대한 물음이 학의 영역에서 배제되고, 또 이 물음과 학과의 내적 연관성이 …… 항상 도외시 되었던 것은 아니다(『위기』, p.5)."

따라서 후설은 학의 위기가 도대체 어디에서 유래했는가를 생각한다. 후설은 학의 위기의 근원이 기본적으로 이러한 실증적 학 자체가 지닌 학문적 성격에 기인한다고 본다. "학의 위기란 학의 참된 학문성, 즉 이것이 과제를 설정하고 이를 위해 자신의 방법론을 형성했던 바로서의 전 방식이 문제시 되었다는 것이다(『위기』, p.1)." 곧 후설의 학의 위기에 대한 진단은 학문성에 그 원인이 있다는 것이고, 학의 위기를 극복하기 위해서는 학문성에 대한 교정이 필요하다는 것이다.

그런데 실증적 학의 학문성은 결국 앞서 우리가 살펴본 객관주의적 학문성으로 귀결된다. 후설은 "유럽의 위기는 길을 잃은 합리주의에 그 근원이 있다(『위기』, p.337)."고 본다. 이 잘못된 방향의 합리주의가 바로 객관주의다. 후설의 비판의 초점은 곧 객관주의적 태도다. 객관주의적 학문성의 특징은 엄밀한 학문성을 위해 주관성을 희생시키고 오직 객관성만을 추구한다는 것이다. 그러나 후설이 보기에 이러한 경향은 역사적으로 볼 때, 고대보다는 근대에 이르러 훨씬 강화된 경향이 있다. 그리고 그 정점이 바로 근대의 수학적 물리학이다. 현대의 실증적 학은 사실 그것의 아류적 형태다.

여기서 후설이 의문시하는 것은, 왜 근대에 이르러 객관주의적 태도가 더 견고해지고, 이로 인해 학의 위기까지 초래하게 되었느냐 하는 점이다. 따라서 후설은 서구의 정신사를 객관주의 발전의 역사로 보고, 객관주의적 학의 대표자인 근대 자연과학이 어떻게 객관주의를 완성시키고, 또 이러한 객관주의적 경향이 현대에 이르러 보다 견고해진 이유는 무엇인지를 발생사적으로 추적해본다. 그렇게 학의 위기의 원인을 찾고, 이것이 어떻게 근본적으로 극복될 수 있는지를 모색한다.

망각된 생활세계

객관주의가 서구철학 내지 과학사에서 그렇게 강력한 영향을 끼친 이유는 무엇일까? 후설이 학의 위기와 관련해 던진 일차적 물음은 바로 이것이다. 이미 우리는 우리의 일상적, 자연적 태도조차 객관주의적인 경향을 띠고 있음을 보았다. 우리의 일상적 삶에까지 파급될 정도라면 객관주의가 그렇게 견고하게 서구철학과 과학을 지배해온 것은 너무나 당연해 보인다. 그러나 철학과 과학에서의 객관주의는 하나의 철학적 태도다. 이것이 나름대로 설득력과 타당성을 가지려면 단순히 우리의 습관적, 본능적 태도에 근거한다는 사실만으로는 부족하다. 이러한 맥락에서 객관주의가 서구철학 내지 과학을 지배하고 또 성공을 거둔 결정적인 요인으로 후설이 지목하는 것이 바로 '이념화(Idealisierung)'의 방법이다.

'이념화'란 유한한 경험적 현실을 초월해 무한성 속에 놓여 있는 '극한형태(『위기』, p.23)'로서의 이념적 대상을 산출하는 방법을 의미한다. 이러한 이념적 대상은 경험적인 차원에서 얻어질 수 있는 것이 아니며, 상상을 통해서도 가능하지 않다. 오직 '순수 사유의 이념적 실천(『위기』, p.23)'을 통해서만 도달할 수 있다. 이념화는 한마디로 현실적으로 존재하지 않는 '완전한 존재'에 이르기 위한 인간의 열망을 사유의 세계에서 충족시켜주는 하나의 방법으로 볼 수 있다. 이런 점에서 이념화는 '완전화로의 실천(『위기』, p.23)'이라는 의미를 지닌다.

물론 우리는 일상적으로도 완전함을 추구한다. 그러나 유한한 현실 속에서 대개는 실용적인 관심에 의해 지배되기 때문에, 우리의 관심을 충족시켜주는 한도에서만 이러한 완전성을 생각한다. 따라서 일단 우리의 실용적 목적이 충족되면, 우리는 더 이상 완전함에 관심을 두지 않는다. 그러나 인간은 실천적 관심을 넘어 이론적으로도 완전한 존재에 대한 형이상학적 관심을 지니고 있고, 또 이에 이르고자 하는 욕구 또한 지니고 있다. 플라톤이 말하는 이데아(idea)는 이러한 완전 존재의 대표적인 예다.

　서구의 전통 철학은 우리의 유한한 경험을 초월한 완전자로서의 이념적, 형이상학적 존재를 전제함으로써 철학적 정당성을 유지할 수 있었다. 그리고 서구의 객관주의는 사실 이러한 이념적 존재의 기반 위에서 설득력을 지닐 수 있었다. 그런데 문제는 우리의 유한한 경험을 초월한 이 이념적 존재를 어떻게 인식하고, 또 그 존재를 정당화할 수 있는가 하는 점이다. 여기서 좋은 본보기가 될 수 있는 것이 바로 수학, 정확히는 기하학이다. 기하학에서 다루어지는 개념이나 도형 등은 일상적 경험에서는 결코 도달할 수 없는 이념적인 완전 대상이다.

　가령, 기하학의 삼각형 개념은 우리가 직접 손으로 그린 삼각형과는 질적으로 차원이 다르다. 곧 "이러한 수학적 실천 속에서 우리는 경험적 실천을 통해서는 이를 수 없는 것에 도달한다(『위기』, p.24)." 이를 가능케 하는 방법이 바로 이념화다. 수학(기하학)은 사실 이러한 이념화의 방법을 토대로 한 것으로 '이미 주어진 이념들을 가지고 이념형성체를 조작적으로 구성(『위기』, p.361)'하는 학적 체계다.

　수학적인 이념화의 방법에서 가장 중요한 요소는 무한성 개념이다. 무한이란 사실 우리의 유한한 현실에서 직접 경험할 수 있는 것은 아니다. 다만 사유될 수 있을 뿐이다. 그런데 이러한 무한성 개념을 전제하면서 우리의 경험이 무한히 진행한다고 가정할 때, 이 이념적 극으로서의 대상에 사유를 통해 이를 수는 있다.

가령, 어떤 둥근 거울을 만든다고 할 때, 현실적으로는 완전한 원 모양의 거울은 만들 수 없다. 그러나 부단히 가다듬어 완벽한 원 모양에 조금씩 다가갈 수 있다. 이러한 다듬음의 과정이 무한히 계속된다고 가정해보자. 그러면 분명 '완전한 둥근' 모양의 거울에 이를 수 있을 것이다.

물론 이는 하나의 사유실험이자 가정일 뿐, 이러한 대상이 현실에 존재할 수 있다는 것은 아니다. 다만 이러한 이념적 대상에 무한히 근접해가고, 또 이 무한한 과정을 다 마친 것으로 가정할 때, 우리가 이러한 이념적 대상에 도달할 수 있다는 것이다. 따라서 이념화의 목적은 현실적으로는 그 존재성을 입증할 수 없는 이념적 대상을 무한의 개념에 의존해 사유 속에서 이끌어내는 것이다.

이념화의 방법은 우리의 일상적 경험 속에서는 얻을 수 없는 이념적 존재를 이끌어낸다는 점에서 학문적으로 긍정적인 가치를 지닌다. 그러나 문제는 이념화가 여전히 하나의 방법이고, 이념화를 통해 산출된 이념적 대상은 말 그대로 사유의 산물이라는 점이다. 따라서 분명한 것은 이념적 대상은 경험적 현실 내지 실재는 아니라는 것이다. 이러한 경험적 현실과 이념적 존재와의 괴리 문제는 고대와 중세 시대에는 크게 부각되지 않았다. 비록 이념화가 이루어졌다 하더라도 세계 전체가 하나의 이념적 대상으로 간주되지는 않았기 때문이다. 이념화적 방법의 모태인 고대 유클리드 기하학은 공간적 영역에만 해당되었고, 이것이 현실에 적용된다 하더라도 지극히 제한적으로만 적용되었을 뿐이다.

그러나 근세에 이르러서는 양상이 달라진다. 서양 근세의 세계관은 근세를 이끈 근대 물리학에 의해 지배되었고, 이는 수학적, 기계론적 세계관으로 특징지어진다. 곧 세계전체가 철저히 인과성의 원리에 따라 수학적으로 규정될 수 있다고 보게된 것이다. 이것이 가능한 것은 기하학적인 공간적 영역뿐만 아니라 색, 음, 열 등과 같은 감성적 성질의 영역도 이념화, 수학화되었기 때문이다. 즉, 후자의 경우도 '음진동' '열진동' 등과 같이 진동을 근거로 객관적인 지표로써 양화 가능한 것이 된다. 그럼으로써 이제 세계 전체가 보편적인 수학적인 지표로 설명될 수 있는 길이 열린다.

후설에 따르면, 이러한 '완전히 구체적인 사물을 포착하는 이념화(『위기』, p.27)' '세계의 이중적인 측면의 이념화(『위기』, p.79)'를 가능하게 한 사람이 바로 근세 물리학의 개척자인 갈릴레이다. 갈릴레이를 통해 세계의 전면적인 수학화와 이념화가 가능해지면서 세계 전체는 보편적인 인과성의 원리에 따른 하나의 수학적 구조물과 같이 파악되기 시작한다. 그리고 이후 객관주의는 더욱 견고해지고 극단화된다.

갈릴레이는 분명 '세계(자연)의 수학화'라는 위업을 달성한 사람이지만, 후설은 그가 우리를 직접적 경험의 세계로부터 더욱 멀어지게 했다고 문제를 제기한다. 세계를 이념화하고 이를 수학적으로 이해하려고 했다는 점 자체는 문제될 것이 없다. 이는 세계를 해석하는 하나의 방식이기 때문이다. 그런데 수학적으로 규정된 객관적 세계만이 참된 세계이고, 우리가 직접적으로 체험하는 세계는 주관상대적인 세계로서 철학적 가치의 면에서 떨어진다고 볼 경우, 문제가 된다. 갈릴레이적 세계관은 이미 이러한 차별적인 철학적 태도를 은연 중 전제하고 있다. 그리고 이러한 세계관은 별다른 교정 없이, 이후 더욱 견고한 형태로 많은 사람들로부터 지지를 얻는다. 후설이 학의 위기의 주범으로 본 객관주의는 바로 이런 식으로 현대에 이르기까지 그 위세를 계속 떨친 것이다.

하지만 후설이 보기에 갈릴레이의 결정적인 실책은 바로 단순한 방법의 산물을 참된 존재인 것으로 착각했다는 데 있다. 앞서 지적한 바와 같이 이념화란 하나의 방법이다. 따라서 이념화를 통해 구축된 체계도 사실은 실제존재라기보다 방법의 부산물이다.

그러나 갈릴레이와 이후의 자연과학은 이러한 이념적 세계가 방법에 의해 구성된 것이라는 사실은 점차 잊고, 오직 이 이론적 구축물에 확고한 진리성과 실재성을 부여한다. 이는 실제 세계의 의미를 철저히 왜곡하고 망각했기 때문에 가능한 결과다. 따라서 후설은 이를 가리켜 '수학적으로 구축된 이념적 세계를 유일하게 실제적인, 실제로 지각 속에서 주어지고 그때그때 경험되고 경험 가능한 세계, 즉 우리의 일상적 생활세계와 교묘히 바꿔치기 함(『위기』, p.49)'이라고 비판한다. 그러나 문제는 생활세계가 철저히 망각됨으로써 이후의 근세 자연과학과 이에 기초한 철학들이 구체적인 생활세계로 시선을 돌릴 가능성이 사라졌다는 점이다.

물론 생활세계의 망각은 철학이 출발할 때부터, 말하자면 객관주의가 철학에서 주도권을 잡기 시작하면서부터 조금씩 시작되었다. 그러나 근세 이전에는, 이념화의 정도가 강하지 않았기 때문에, 구체적인 생활세계로 시선을 돌릴 여지가 남아 있었다. 그러나 근세의 자연과학은 철저한 수학적 이념화로 인해 이러한 가능성을 처음부터 차단해버렸다.

근세 자연과학의 참된 세계 이해란 단지 수학적인 '공식과 이 공식의 의미에서 자연 자체의 참된 의미를 파악하는 것(『위기』, p.43)'이다. 이에 따라 근세 자연과학은 인간과 세계의 참된 의미를 찾는 심오한 학문적 통찰을 지향하기보다는 이념과 기호의 세계에서 지극히 방법적이고 기술적인 절차에만 매몰됨으로써 점차 '단순한 기술(『위기』, p.46)'로 전락하고 만다. 이로써 '학의 근원적이고 고유한 의미(『위기 보충』, p.35)'가 완전히 상실되고 말았다. 후설이 진단한 당대 학의 위기는 여기서 이미 그 발생이 예고되고 있었다.

후설의 생활세계 개념은 이처럼 근세 자연과학이 망각하고 왜곡한 본래적 세계라는 의미로 『위기』에서 모습을 드러낸다. 이런 의미에서 후설은 생활세계를 '자연과학의 망각된 의미기반(『위기』, p.48)'이라고 표현한다. 근세 자연과학이 생활세계를 이념화시켰다는 것은 이념화의 소재가 된 생활세계가 자연과학적 세계에 선행하며 근원적이라는 것을 의미한다. 후설은 자연과학이 단지 이념화를 통해 생활세계에 '이념이라는 옷(Ideenkleid) (『위기』, p.51)'을 입혔을 뿐이라고 본다. 따라서 본래적이고 근원적인 세계를 탐구하는 것이 철학의 과제라면, 당연히 이 생활세계를 주제화해야 한다는 것이 후설의 주장이다.

생활세계는 말 그대로 우리가 살고 있는 일상적 삶의 세계로서 직접적 경험 속에서 주어지는 세계다. 그런데 근세 자연과학의 영향을 받은 현대의 성인들은 이 생활세계는 오히려 주관적인 세계라는 이유로 참된 세계로 여기지 않고, 자연과학적으로 규정되는 엄밀한 객관적 세계만이 참된 세계라고 여긴다. 그러나 이러한 생활세계를 도외시하는 태도 자체가 학의 위기의 근본적 원인이라는 것이 후설의 생각이다. 그렇다면, 학의 위기를 극복하기 위해서는 우선 이러한 생활세계로 우리의 시선을 돌려 근세 자연과학, 나아가 서구의 객관주의가 은폐시킨 생활세계의 참된 의미를 드러내야 할 것이다. 말하자면, 이념화가 이루어지기 이전의, 순수하게 우리에게 주어져 있는 그대로의 원초적인 세계, 후설의 표현에 의하면, '선과학적인 세계'로 귀환을 해야 한다. 바로 여기서 학의 위기를 극복할 수 있는 대안인, 학과 인간의 삶 그리고 철학과의 유대성이 새롭게 찾아질 수 있을 것이다.

지평으로서의 생활세계

후설의 생활세계는 앞에서 살펴본 것처럼 전통철학과 과학에 의해 제대로 주제화가 안 된 세계다. 문제는 기존의 객관주의에 물든 과학과 철학은 생활세계는 도외시한 채, 이념화된 대상으로서의 세계만이 참되다고 믿고 있는 것이다. 후설은 이념적 대상으로서의 세계란 단지 방법의 산물로 특수한 '목적에 따른 형성물(Zweckgebilde) (『위기』, p.462)'일 뿐, 이 자체가 전통철학의 주제인 실제적, 보편적 세계를 대변할 수 없다고 본다. 자연과학의 세계란 인간에 의한 이론적 형성물로 세계의 한 특수영역을 구성할 뿐이며, 따라서 전 포괄적인 '생활세계의 부분(『위기』, p.462)'을 이룰 뿐이다. 그렇다면 이러한 자연과학적, 객관주의적 세계까지 포괄하는 참된 의미의 세계, 말하자면 보편적인 생활세계는 구체적으로 무엇이고, 또 어떻게 주제화되어야 하는가?

바로 여기서 후설의 보편적 세계에 대한 현상학적 규정이 나타난다. 곧 지평(Horizont)으로서의 세계개념이다. '지평'이란 사실 일상적 개념으로서 한 주체가 어떤 것을 바라 볼 때 갖게 되는 '시야의 한계'[23]라는 의미를 지닌다. 그리고 여기서는 그 한계성과 범위가 강조된다. 이러한 의미에서 우리는 '삶의 지평' '한국인의 지평' '역사적 지평' '수학의 지평' 등의 표현을 자주 쓴다.

그러나 후설의 지평 개념은 다소 인식론적으로 정향되어 있다. 즉, 우리의 대상 경험이 지니는 초월적인 성격, 주어진 것을 넘어서 더불어 의식하는 경향에 초점이 맞추어져 있다. 여기서는 한계보다는 연관성과 확장성이 강조된다. 내가 나의 집을 본다고 할 때, 분명 나는 이 집만을 직접적으로 지각한다 하더라도 이 집을 둘러싼 다른 옆집, 마을, 거리, 이 집이 속한 도시 등을 더불어 의식하면서 경험한다. 곧 나의 모든 일상적 대상 경험은 이 대상만을 고립되게 경험하는 것이 아니라 대상을 둘러싼 다른 것들까지 더불어 경험한다. 이러한 모든 개별적 경험에서 나타나는 배경, 직접적으로 경험된 것을 넘어서 하나의 연관을 이루는 배경을 가리켜 후설은 '지평'이라고 부른다.

그러나 지평은 임의로 형성되고 주어지는 것이 아니라 나름의 의미연관 속에 있다. 집에 대한 지각을 할 때, 이 집을 둘러싼 배경들이 더불어 주어지는 것은 집과 그 배경을 이루는 것들이 어떤 유의미한 연관을 갖고 있기 때문이다. 그리고 이 연관의 실마리는 바로 내 경험의 실천적 가능성에 놓여 있다. 가령, 내가 집의 앞면만을 지각할 때, 나는 장차 뒷면을 볼 수 있다는 전제 하에 집의 뒷면까지 더불어 의식하면서 지각한다. 마찬가지로 이 집을 둘러싼 것들도 지금 현재는 직접적으로 경험하지는 않더라도 장차 내가 경험할 수 있다는 실천적인 가능성을 염두에 두고 연관의 체계를 이루게 된다.

그러나 이것이 가능한 결정적인 이유는, 나의 경험이라는 것이 전혀 원칙 없이 무질서하게 이루어지는 것이 아니기 때문이다. "가능한 경험의 진행에 앞서 하나의 절대적이고 확고한 틀이 예시되어진다(『이념들 Ⅲ』, p.31)." 가령, 내가 집을 보면서 내가 전혀 가보지도 않은, 또 갈 수도 없는 먼 우주의 별과 연관시켜 이를 배경으로 의식하지는 않는다. 그러므로 지평의 형성에는 미래적 가능성보다는 과거에 축적된 경험과 지식, 기억이 핵심적인 역할을 한다.

앞에서 살펴본 발생적 현상학적 해명에 따를 때, 우리의 경험은 이것이 아무리 수동적이라 하더라도 이미 기존 경험의 침전물에 의해 영향을 받는다. 습성화된 경험과 지식으로 인해 우리는 아무리 낯선 상황에서라도 나의 인식 틀에 따라 나름대로 세계를 정형화하고 유형화해 파악하고자 하며, 이를 통해 최대한 조화롭고 의미 있게 이 세계를 이해하려고 한다. 그렇기 때문에 우리는 규칙적이고 질서 있게 삶을 영위할 수 있는 것이며, 우리가 살고 있는 세계에 친숙감을 느끼는 것이다. 이런 식으로 나의 가능한 실천적 경험이 어떤 규칙적인 질서 속에서 이루어진다는 전제 하에 형성된 '경험대상들의 의미의 연관체'가 바로 지평이다. 단적으로 말하면, 지평은 우리 습성의 상관자다.[24]

물론 지평은 우리의 일상적 삶 속에 무수히 그리고 다양한 형태로 존재한다. 무엇을 기준으로 보느냐에 따라 지평의 범위와 내용은 달라질 수 있다. 자연과학자들이 보는 세계도 그 나름의 특수한 지평적 세계다. 그런데 지평은 의미의 연관성만 있다면, 기본적으로 부단히 확장 가능하다. 이때 모든 가능한 개별 지평들을 포괄하는 궁극적 보편적 지평을 생각할 수 있다. 이것이 이른바 '보편적 지평으로서의 세계', 곧 후설적 의미에서의 '생활세계'다. "모든 이 세계의 주어짐은 지평의 방식 하에서의 주어짐이다. 지평들 속에 그 이상의 또 다른 지평들이 함축되어 있으며, 따라서 궁극적으로 모든 세계적으로 주어진 것은 세계지평을 지니게 되고, 단지 이를 통해 세계적인 것으로 의식된다(『위기』, p.267)." 곧 모든 세계 내의 개별적 대상과 지평들은 이 보편적 지평으로서의 세계를 전제하거나 배경으로 한다. "모든 다수(Plural)와 이로부터 끄집어내어진 하나(Singular)는 세계지평을 전제로 한다(『위기』, p.146)." 한편 이 지평은 어떤 특별한 개별적 경험의 대상 없이는 의식되지 않는다. "이 지평은 다른 한편으로 단지 존재하는 대상들에 대한 지평으로서만 의식되며, 특별히 의식된 대상 없이는 실제적일 수 없다(『위기』, p.146)."

생활세계 주제화의 어려움

지평으로서 생활세계를 규정했다는 것만으로도 후설의 현상학은 큰 철학사적 의의를 지닌다. 이러한 의의 중 하나는 세계를 어떤 특정한 대상이 아닌 것으로 규정했다는 점이다. 후설에 의하면, "한편으로 세계는 하나의 존재자, 하나의 대상과 같이 존재하지 않고, 이에 대해 복수가 무의미한 유일성 속에서 존재한다(『위기』, p.146)." 따라서 지평으로서의 세계는 어떤 대상이 아니다. 이는 한편으로 지평으로서의 세계는 대상의 배경이 될지언정, 결코 대상으로서 주어지거나 주제화될 수 없음을 의미한다. [25]

그런데 후설 자신은 이러한 지평으로서의 세계 개념에 철저하지 못했다. 우리는 이미 후설이 초월론적 주관성의 구성 작용을 통해 세계를 해명하려고 했음을 잘 안다. 후설에서 구성은 의식의 지향성 작용에 근거를 둔다. 그러나 지향성 작용의 핵심은 대상화하는 작용으로서 근본적으로 대상성의 형성을 목적으로 하는 작용이다. 그렇다면 지향적 작용에 의해 구성된 것은 원칙적으로 대상적일 수밖에 없다. 그러므로 후설이 지평으로서의 세계를 초월론적 주관성에 의해 구성된 것으로 해명하는 한, 이 세계는 대상화의 시선으로부터 결코 자유롭지 못하다.[26]

이는 세계의 지평성과 초월론적 주관성의 구성개념이 서로 상충하는 부분이다. 후설이 이 문제를 명확히 인지했는지는 불분명하다. 그러나 발생적 현상학의 발전에 따라 그의 후기에 이르러 '지향적 지평의식(『위기』, p.147)' 혹은 '지평지향성(『성찰』, p.83)'이라는 표현을 쓰면서 비대상화적인 지향성의 가능성을 제시했고, 이로써 비록 명시적이지는 않지만 이 문제에 대한 해결의 실마리를 보여주고 있기는 하다.[27] 이는 후설 현상학이 지평으로서의 생활세계 개념의 발굴에 따라 진화, 발전했다는 증거이기도 하다.

생활세계에 관한 학

생활세계를 주제화한다는 것은 말처럼 쉬운 일이 아니다.

그럼에도 불구하고 후설은 『위기』에서 '생활세계에 관한 학 (Wissenschaft von der Lebenswelt)'이라는 구상을 갖고 이를 실현하고자 한다. '생활세계에 관한 학'의 목적은 생활세계를 이른바 '학적으로' 주제화하겠다는 것이다. 평생 엄밀한 학으로서의 현상학을 추구해 온 후설에게, 자신의 현상학의 사실상 최종적 목적지인 '생활세계에 대한 현상학적 학을 정립하는 것'은 어쩌면 지극히 당연해 보인다.

우리는 후설 현상학에서 학문성의 방법론적 기초는 본질직관의 방법에 있음을 앞서 살펴보았다. 따라서 생활세계에 관한 학은 곧 생활세계의 본질에 관한 학이다. 여기서 문제는 생활세계의 본질을 어떻게 파악할 것이냐 하는 것이다. 사실 생활세계는 특정한 세계 내의 대상이 아니므로, 본질직관을 하기 위해 필요한 출발점이 되는 임의의 생활세계를 선정하기가 쉽지 않다. 설사 이러한 생활세계를 떠올린다 하더라도 이것이 하나의 보편적 지평으로서의 생활세계일 수는 없다. 이미 살펴본 바와 같이 생활세계는 원칙적으로 대상화할 수 없는 것이기 때문이다.

그럼에도 불구하고 여기서 실마리가 될 수 있는 것은 보편적 지평으로서의 생활세계는 그 안에 무수한 개별적 지평을 함유하고 있는 세계라는 점이다. 즉, 하나의 보편적 생활세계는 이와 연관성을 이루는 개별적, 특수한 지평들을 통해 간접적으로 제시될 수 있다. 후설에 따르면, 개개의 문화세계는 보편적인 "하나의 유일한 세계의 현출방식들이다(『상호주관성 Ⅲ』, p.177)." 따라서 출발점으로 생각할 수 있는 것은 개개의 특수한 문화세계다.

우리는 막연한 보편적 생활세계는 몰라도 나 자신이 구체적으로 속해 있고, 또 자라 온 나의 문화세계로서의 생활세계는 쉽게 떠올릴 수 있으며 주제화할 수 있다. 가령, 한국인의 문화세계, 일본인의 문화세계, 중국인의 문화세계 등으로 말이다. 우리는 이 세계를 좁은 의미의 생활세계로 부를 수 있을 것이다. 그리고 이 좁은 의미의 생활세계를 의식함을 통해 넓은 의미의 보편적 생활세계가 지평적으로 (간접적이고 비대상적으로) 주어지게 된다.

따라서 한 개별적 문화세계를 선정해 상상 속에서 자유변경을 토대로 무수한 변양체를 만들어가면서 본질직관을 시도할 경우, 여러 다양한 문화세계들의 공통된 구조로서 이른바 생활세계의 본질이 추출될 수 있다. 후설은 이렇게 파악된 생활세계의 본질을 특별히 '생활세계적 아프리오리(das lebensweltliche Apriori)'라고 부른다.[28] 그런데 후설은 생활 세계적 아프리오리가 객관주의적 학에 의해 추구되는 이른바 '보편적인 객관적 아프리오리(『위기』, p.143)'와 질적으로 차원이 다르다고 주장한다. 후자는 개별적 내용을 보편적인 개념 속으로 해소시킨 추상적, 논리적 구조인 반면, 전자는 개별적, 주관적 내용을 바탕으로 이를 포괄하면서 보편성을 지향하는 이른바 '구체적, 실질적 아프리오리'[29]의 의미를 지니고 있기 때문이다. 따라서 세계의 보편적 구조라는 점에서 외관상 양자는 동일한 명칭을 지닐지 모르나, 객관적 학의 객관적-논리적 아프리오리는 그 내용성과 현실성의 확보를 위해 불가피하게 이에 선행하는 '생활세계의 주관-상대적인 아프리오리(『위기』, p.143)'에 의존할 수밖에 없다. 후설은 객관적 학이 말하는 세계의 본질적 구조는 보다 근원적인 '생활세계적 아프리오리'를 이념화하고 추상화한 것에 불과하다고 본다.

후설은 생활세계의 본질적 구조로 '생활세계적 아프리오리'를 탐구하는 것을 특별히 '생활세계의 존재론(Ontologie der Lebenswelt) (『위기』, p.176)'의 과제로 본다. 그러나 후설은 한편으로 이 존재론은 초월론적 관심 없이 자연적 태도에서 수행되는 것이므로, 이는 초월론적 현상학의 틀 속에서 궁극적으로 정당화되어야 한다고 본다. 곧 생활세계는 초월론적 주관성의 지향적 상관자로서, 또 생활세계적 아프리오리는 이에 상응해 '초월론적 보편적 아프리오리의 하나의 층(『위기』, p.177)'으로 재해석되어야 한다는 것이다. 그러나 생활세계가 지평으로서 주어진다는 후설의 주장 속에 이것이 초월론적 주관성과의 연관 속에서 이해되어야 한다는 의미는 이미 충분히 포함되어 있다. 지평은 원칙적으로 주관 연관적이기 때문이다. 반면, 생활세계적 아프리오리의 초월론적 해명과 관련해서는 이를 체계적으로 제시하지 않고, 산발적이고 암시적으로만 언급하고 있어 아쉬움을 남긴다.

사랑의 공동체

현상학적으로 바라 본 타자경험

후설 후기 철학에서 생활세계 개념과 더불어 또 다른 관심의 대상은 '사랑의 공동체(Liebesgemeinschaft)' 개념이다. 그러나 사랑의 공동체 개념은 생활세계 개념과 달리 체계적으로 논의되지는 않는다. 그러나 이는 후설 철학에서 매우 중요한 역할을 한다. 후설 철학이 대체적으로 인식론적인 관심에서 주관과 세계와의 관계를 다루고 있다면, 사랑의 공동체 개념은 존재론적인 관점에서 타자와 세계의 문제를 바라보고 있기 때문이다. 그런 점에서 사랑의 공동체 개념은 후설 후기의 존재론 내지 형

이상학적 사고, 나아가 그의 타자이론을 이해할 수 있는 중요한
실마리가 된다.

앞에서 언급한 바와 같이 후설 철학은 인식론적인 측면과 아
울러 존재론적, 형이상학적 측면도 지니고 있다. 다만 후설은
후자에 대해 체계적이고 집중적으로 설명하지 않고 있을 뿐이
다. 사실 앞서 살펴본 '생활세계의 존재론'은 이러한 그의 존재
론적 체계에 대한 구상을 나름 암시하고 있는 것으로 보인다.
그러나 후설의 철학에서 이러한 존재론적 탐구의 중요한 토대
를 이루는 것은 무엇보다 후설이 장기간에 걸쳐 상당한 관심을
기울이고, 실제 많은 연구결과를 산출해낸 '타자경험' 내지 '상
호주관성'의 이론이다.

후설의 철학에서 상호주관성의 문제는 많은 연구자들에게
그의 현상학에서 하나의 아킬레스건처럼 여겨졌다. 비록 인식
론적인 관점에서이기는 하지만, 다른 어떤 것에 의존함 없이 스
스로 존재한다는 그의 절대적 주관성의 개념은 오히려 스스로
를 고립화시키고, 따라서 극단적 주관주의 내지 유아론에 빠진
것이 아니냐는 우려를 낳았다. 말하자면 오직 나만이 이 세계의
주체이고 절대자인 것처럼 생각되기 때문이다. 이때 '내가 생각
하고 의미 부여한 것이 보편적으로 타당하다는 근거는 어디에
서 찾을 수 있는가?'라는 물음이 제기된다. 즉, 상호주관성을 어
떻게 확보할 수 있느냐가 문제가 된다. 또 다른 문제는 초월론

적 주관성이라는 것이 개별적 의식 체험류라는 것을 전제로 할 때, 나의 초월론적 주관성 외에 또 다른 초월론적 주관성을 생각할 수 있고, 나아가 무수한 초월론적 주관성들의 존재를 염두에 두지 않을 수 없다. 그러면 이때 나는 어떻게 이 다른 초월론적 주관성의 존재를 그 고유한 본성에서, 즉 일반적인 세계 내의 대상으로서가 아니라 그 자체가 또 하나의 세계구성의 주체인 '정상적인' 초월론적 주관성으로 인식하고 구성할 수 있는가 하는 문제가 발생한다.

후설은 이러한 문제점에 대해 스스로 잘 알고 있었으며, 그 해결을 위해 이른바 감정이입(Einfühlung)의 방법을 도입한다. '감정이입'은 상상 속에서 '만약 내가 저기에 있다면(『성찰』, p.147)' 하는 식으로 타자의 위치로 나를 옮겨 타자의 내적 삶을 간접적으로 이해하거나 체험하는 방법이다. 여기에는 나와 타자와의 유사성을 통해 타자를 나와 같은 존재로 이해하려는 유비적 파악으로서 '짝지움(Paarung)'이라는 수동적 연상(Assoziation) 작용이 핵심적인 역할을 한다.

타자경험에서 직접적으로 주어진 것은 우선 단순한 물질적인 사물로서의 타자의 신체(육체, Körper)다. 이 타자의 신체가 내적으로 마음(Seele), 그리고 세계 구성의 주체로서의 초월론적 주관성과 연관되어 있는지 외부에서는 직접 확인할 길이 없다. 그러나 우리는 이를 간접적으로 경험할 수 있다. 바로 나와의 유사성에 근거해서다. 직접 지각이 가능한 타자의 물체적인 신체를 단서로, 이것이 나와 유사하다는 것을 확인하면서 수동적인 연상작용을 통해 타자와 나는 '유사성의 통일'을 이루고, 타자는 나에 대해 하나의 "짝(Paar)으로 구성된다(『성찰』, p.142)." 이런 식으로 "자아와 다른 자아는 항상 그리고 필연적으로 근원적인 짝지움(Paarung) 속에서 주어진다(『성찰』, p.142)."는 것이 후설의 생각이다.

이러한 기본 틀을 가지고 타자의 외적 행동이나 태도 등에 대한 관찰을 통해 행동이 일관성을 유지하고 일치성을 지니는지에 대해 구체적인 확인이 이루어지면, 나의 신체가 내적인 주체로서의 통일된 자아와 결부되어 있는 것처럼 타자 또한 그러한 존재로 파악하게 되는 것이다. 즉, 신체성을 실마리로 타자의 내적인 주관을 간접 이해하는 것이다. 후설은 이러한 과정이 단순 추론이나 추측이 아니라 일종의 '경험'임을 강조한다. 그럼으로써 타자에 대한 파악은 임의적인 '사유 활동'이 아니다. 따라서 후설은 나를 타자로 전이시키는 감정이입적인 작용을 통해 간접적으로나마 타자의 내면과 타 주관으로 접근하는 것이 가능하다고 본다.

이 감정이입을 통한 타자경험의 방법은 다소 심리학적이라는 한계가 있긴 하지만, 후설은 이를 통해 타 주관성과 나와의 유사성 내지 동질성을 확인하면서 궁극적으로 타 주관성,

곧 타자의 초월론적 주관성의 구성이 가능하다고 주장한다. 타 주관성은 '나 자신의 유사체(Analogon)'이자 '나 자신의 반영(Spiegelung) (『성찰』, p.125)'으로서, 즉 나의 '지향적 변양(『성찰』, p.144)'으로 구성된다는 것이다. 곧 "나의 모나드 속에서 다른 모나드가 간접제시적으로(appräsentativ) 구성된다(『성찰』, p.144)." 이를 근거로 나와 타자 간의 상호주관성이 가능하다면, 나에 의해 구성된 세계 또한 상호주관성의 의미를 지닐 수 있다는 것이 후설의 논리다.

상당수의 후설 해석자들은 여기서 후설이 타자를 구성한다고 하면서 결국 나 자신에 근거를 두고, 나의 유사체로서의 타자를 말하는 것이 과연 참된 의미의 타자인지 의문을 제기한다. 그리고 외적인 대상으로서가 아니라 내적인 초월론적 주관성으로서의 타자를 구성한다고 하는데, 과연 감정이입의 방법을 통해 여기에 이를 수 있는지에 대해서도 의문을 갖는다. 기껏해야 심리적 주관만이 파악될 수 있지 않느냐는 것이다. 따라서 대부분은 후설의 타자경험 내지 상호주관성의 해명이 성공적이지 못하다고 비판한다.[30]

물론 이러한 견해는 인식론적 관점에서 보면, 타당한 부분이 있다. 그러나 후설의 타자경험 이론은 인식론적 측면뿐만 아니라 존재론적인 측면이 혼재하고 있으며, 후설이 후기로 갈수록 관심을 두는 쪽은 후자라는 점에 주목할 필요가 있다.[31] 존재론적 측면에서 타자의 문제를 바라볼 때, 후설이 강조하는 것은 나와 타자 간의 긴밀한 결합을 통한 공동체의 형성이다. 곧 공동체 이론이 후설의 타자 존재론의 핵심을 이룬다.

모나드 공동체와 목적론

우리는 앞에서 후설이 습성과 인격의 담지자로서의 구체적, 역사적인 주체를 가리켜 '모나드'라고 부르고 있음을 보았다. 후설은 라이프니츠적인 모나드 개념을 거의 그대로 이어받았다. 그러나 후설의 모나드 개념은 모나드 간에 상호작용을 인정한다는 점에서 라이프니츠와 결정적인 차이점을 보인다. 후설의 철학에서 "모나드들은 각자 서로를 향해 있다(『상호주관성 Ⅱ』, p.267)." 곧 폐쇄된 라이프니츠의 모나드와 달리 후설의 경우, 모나드는 외부로 향한 창을 갖고 있다. 이를 통해 후설이 말하고 싶은 것은 바로 모나드 간의 상호결합과 의사소통이 가능하고, 이에 바탕을 둔 이른바 '모나드 공동체(Monadengemeinschaft)'가 존재한다는 것이다.

후설은 "우리는 따라서 모나드의 자아주체들 간의 결합을 통한 모나드들 간의 결합의 다양한 가능성들과 방식을 갖고 있다(『상호주관성 Ⅱ』, p.270)."고 말한다. 그러면서 모나드 공동체를 가리켜 "하나의 원칙적으로 특유한 결합성이자 하나의 실제적 공동체로서 세계, 곧 인간과 사물세계의 존재를 초월론적으로 가능케 하는 바로 그러한 실제적 공동체(『성찰』, p.157)"라고 규정한다. 그런데 모나드들 간의 견고한 결합을 뜻하는 모나드 공동체를 전제한다는 것은 후설이 이른바 고립된 개체를 중시 여기는 개체론적인 입장이 아니라 전체론적, 유기체적인 관점에서 이 세계를 바라보고 있음을 의미한다.[32)]

후설에 따르면, 존재론적으로 모든 모나드들은 절대적 자립성을 지니지 못한다. "마찬가지로 모든 자아, 모든 모나드는 구체적으로 보면 하나의 실체이나 단지 상대적인 구체성이다. 이는 그 본성상 단지 한 사회의 구성원으로서, 총체적 공동체의 공동체 구성원으로서만 존재 의미를 지닌다(『상호주관성 Ⅲ』, p.193)." 그러므로 모든 개별적 모나드는 '필연적으로 타 모나드의 존재를 요청하는(『상호주관성 Ⅱ』, p.295)' 불완전한 존재로서 타 모나드와의 결합을 통해 불가피하게 모나드 공동체를 전제로 하거나 이를 추구하게 된다. "어찌되었든 다수의 모나드가 존재한다면, 어떤 모나드도 완전한 의미에서 자립적이지 않다(『상호주관성 Ⅱ』, p.295)." 이로써 앞서 우리가 살펴본, 절대적으로 자립적인 존재로서의 초월론적 의식은 단지 제한적인 관점에서, 즉 인식론적인 관점에서만 타당성을 지님이 재차 확인된다. 결국 후설의 철학에서 "절대적으로 자립적인 것은 모나드의 총체(Monadenall)다(『상호주관성 II』, p.295)."

모나드 공동체는 단순한 모나드들의 산술적 총합이 아니라 모나드들이 유기적으로 연결되어 그 자체가 하나의 독자적인 존재성을 지닌다. 마치 몸의 각 부분이 각자 기능을 하면서 전체적으로 조화를 이루고 있는 하나의 생명체와 같다고 할 수 있다. 이를 가능케 하는 것이 바로 목적론이다. 후설은 "목적론은 모든 모나드를 포괄한다(『상호주관성 II』, p.597)."고 하면서, 모든 개개의 모나드뿐만 아니라 모나드 전체로서의 세계가 이 목적론의 틀 속에 놓여 있다고 본다. 그런데 목적론은 기본적으로 어떤 목적을 향해 발전해간다는 의미를 지닌다. 따라서 후설은 모나드 공동체는 '발전을 규정하는 바로서 하나의 목적론적 이념(『상호주관성 II』, p.271)'에 따라 '무한 상승의 과정(『상호주관성 III』, p.610)'에 놓여 있다고 본다.

그런데 후설의 철학에서 목적론적 발전이란 수동적, 비합리적, 감각적인 단계에서 점차 능동적, 의지적, 이성적인(합리적인) 방향으로의 발전을 의미한다. 이러한 목적론의 논리에 따를 때, 자연 전체로 보면, 다른 동물에 비해 이성적인 인간이 가장 발전된 단계로 볼 수 있다. 물론 인간 세계에서도 나름의 단계가 있고 위계질서가 있을 수 있다. 모나드가 기본적으로 상호결합을 추구하고 공동체성을 지향한다고 볼 때, 모나드의 발전단계에서 가장 저차원의 토대가 되는 공동체는 본능적, 충동적 공동체일 것이다. 이런 의미에서 후설은 '근원적이고 본능적인 의사소통 속에서의 모나드들의 총체성(『상호주관성 Ⅲ』, p.609)'을 언급하면서 "한편으로 모나드들은 그들의 수동적 토대와 관련해 절대적인 결합성을 지닌다(『상호주관성 Ⅱ』, p.270)."고 말한다.[33]

이러한 원초적, 수동적 토대 위에서 모나드 공동체는 여러 단계를 거치면서 보다 이성적인 방향으로 발전해 나가며, 이는 여러 다양한 경험적, 현실적 인간 공동체의 초월론적 가능 근거이자 토대로 작용한다. "객관적 세계의 구성에는 본질적으로 모나드들의 조화가 속해 있다(『성찰』, p.138)."

이러한 모나드 공동체가 세속적으로 구체화된 형태로서 인간 공동체의 유형을 단계적으로 살펴보면, 우선 가족, 혈연 공동체를 생각할 수 있다. 후설에 따르면, "나의 어머니와의 결합이 모든 결합 중 가장 근원적인 것이다(『상호주관성 Ⅲ』, p.511)." 그 다음으로 타인과 언어적 대화 및 의사소통을 통한 '언어공동체'를 고려할 수 있다. 후설은 "언어적 결합이 의사소통적 합일 일반의 근본형식이자 나와 타자 간의 특별한 일치의 근원형식이다(『상호주관성 Ⅲ』, p.475)."라고 말한다. 이 바탕 위에 하나의 공통된 문화공동체가 가능할 것이다. 그리고 나의 문화세계(고향세계)와 다른 문화세계(이방세계)와의 결합을 통한 보다 높은 단계의 문화적 공동체가 이루어질 수 있다. 국가 및 민족공동체는 이러한 고차적인 포괄적인 문화공동체를 향해가는 도정에 놓여 있다고 볼 수 있다.

이러한 공동체의 발전과정을 목적론적으로 고려하면서 후설은 최종적으로 모든 인간이 하나로 포괄될 수 있는 '하나의 유일한 절대적인 보편적 우리(Wir) (『위기 보충』, p.63)', 곧 총체적 인류공동체가 가능하다고 본다. 물론 이는 하나의 이상이자 당위다. 그러나 전혀 불가능한 가공의 개념이 아니다. 후설에 따르면, 이것의 가능성을 초월론적으로 정당화하는 것이 바로 '사랑의 공동체' 개념이다.[34] 사랑의 공동체는 후설의 철학에서 모나드 공동체 발전과정의 최종적 목적이자 정점에 놓여 있다.[35]

사랑의 공동체가 주는 희망의 메시지

이미 언급한 바와 같이 후설의 존재론은 개체 중심이 아니라 공동체 중심의 전체론적 세계관을 취하고 있다. 이는 목적론적 세계관을 전제로 하는 한 불가피한 것이기도 하다. 이러한 전체론적, 목적론적 세계관에 따를 때, 각 개인은 공동체의 일원으로서만 존재 가치가 있으며, 타자와의 관계가 각별한 의미를 지닐 수밖에 없다. 특히 나와 타자가 어떻게 결합될 수 있는지가 주된 관심사가 된다. 후설의 모나드 공동체론은 이를 잘 표현한 것이라고 볼 수 있다.

그런데 사랑은 타자와의 결합을 추구함으로써 전형적인 공동체 지향적인 성격을 지녔을 뿐만 아니라, 후설에 따르면, 사랑을 통한 타자와의 결합은 '가장 진실하게 서로 하나가 되는 것(『상호주관성 Ⅲ』, p.598)'으로 인간 간의 결합의 형태 중 최고의 형태를 가능하게 한다.

후설이 이렇게 사랑에 가치를 부여하는 이유는 사랑이 지니는 의지적, 정신적, 윤리적 성격 때문이다. 후설은 사랑을 특별히 '윤리적 사랑(『상호주관성 Ⅲ』, p.174)'의 관점에서 바라보고, 또 이러한 사랑만이 가치가 있다고 본다. 그에게 윤리적 사랑은 그리스도적 사랑이 표본이며, 따라서 모든 인간에게 열려진 포용적인 사랑, 곧 '모든 인간에 대한 그리스도의 무한한 사랑(『상호주관성 Ⅱ』, p.174)'이 이상이 된다. 이러한 사랑은 '인간들과 관계를 맺고, 그들에게 자신을 열고, 또 그들 자신이 스스로를 열도록 하는 추구(『상호주관성 Ⅱ』, p.175)'의 의미를 지니면서 이른바 모든 사람을 포용하는 사랑의 공동체가 가능하도록 한다.

그러나 모든 인간에 대한 무한한 사랑은 사실 현실적으로 가능하지 않다. 더구나 유한한 존재인 한, 개인으로서의 인간이 현세의 삶 속에서 이를 실현하기에는 한계가 있다. 후설이 염두에 두는 사랑은 곧 '완전한 사랑'이다. '완전한 사랑'의 참된 실현을 위해서는 개인의 유한성을 넘어서야 한다. 이는 개인의 차원에서 공동체 차원으로 전이되고 승화되었을 때 가능하다. 후설은 여기서 모나드 공동체의 영원성에 대해 생각한다. 그가 '개개의 모나드의 죽음 속에서 모나드 전체의 불멸성(『상호주관성 III』, p.195)'에 대해 말하는 것은 바로 이러한 맥락에서다. 사랑의 공동체는 곧 개별적으로 유한한 존재인 인간에게 자신의 사랑이 완전함에 이를 수 있도록 동기를 부여하는, 하나의 규제적 이념으로서의 '윤리공동체'이자 '이상적 공동체'다.

개개의 인간은 이러한 이상적인 사랑에 이르기 위해 부단히 노력하면서 동시에 사랑의 공동체의 일원임을 자각하게 된다. 그러므로 후설에게 사랑의 실천은 타자에 대한 배려인 동시에 자아의 실현이기도 하다. 사랑을 통해 타자의 '참된 자신'을 바라볼 뿐만 아니라, 동시에 나 자신의 '참된 존재' 또한 깨닫는다. 이 참된 나 자신은 고립된 내 속에 있다기보다는 공동체의 일원으로 타자와 더불어 있으면서 부단히 자신을 완성시켜 나가는 과정 속에 놓여 있다. 목적론적 존재로서 부단히 완전함을 향해 나아가는, 또 그러한 가능성으로서의 나 자신이 바로 참된 자신이다. "인간이라 함은 목적론적이고 목적론적으로 존재해야 하며, 이 목적론이 모든 개개의 자아의 활동과 의도를 지배하고 있다(『위기』, pp.275~276)." 이 목적론을 이끌면서 그 정점에 있는 것이 곧 사랑의 공동체다.

후설의 철학에서 사랑의 공동체는 긴밀한 공동체성을 바탕으로 모순과 갈등이 없는 완벽히 조화로운 세계를 가리킨다. "이 사랑의 공동체에서는 다수의 주체가 인격적 감정 동일화와 의지 동일화에서 일치된 삶을 영위한다."[36] 후설은 이러한 세계를 가리켜 단적으로 '인간과 세계가 서로 일치하는'[37] 세계로 규정한다.

그러나 후설은 유감스럽게도 이러한 조화로운 공동체로서의 세계가 현실화하는 모습을 목격하지 못하고, 오히려 이 반대의 가능성만을 체험하면서 쓸쓸히 생을 마감했다. 그러나 죽음에 임박해서도 후설은 이러한 조화로운 세계의 가능성에 대해 결코 의심하지 않았을 것이다. 후설은 이 세계가 인간의 본성상 목적론적으로 실현될 수 있고, 또 실현되어야 한다고 보았기 때문이다. 그리고 자신의 현상학이 이러한 메시지를 세상 사람들에게 알리는 역할을 할 수 있을 것이라고 굳게 믿었을 것이다.

주

1) E. Husserl, "Erinnerung an Franz Brentano", in: *Oskar Becker, Franz Brentano*, 154, H. Spiegelberg, 최경호, 박인철 역, *The Phenomenological Movement*, 『현상학적 운동 I』, 이론과 실천, 1991, p.109에서 재인용.

2) 대표적으로 뤼베가 이러한 입장을 취한다. B. Lübbe, "Die geschichtliche Bedeutung der Subjektivitätstheorie Edmund Husserls", in: *Bewußtsein in Geschichten, Freiburg*, 1972, p.10 참조.

3) 후설은 "우리의 불행한 시대에서 가장 운명적인 변혁들에 내맡겨진 인간들에게 절박한 물음, 즉 전 인간적 현존재의 의미와 무의미성에 대한 물음(『위기』, p.4)"에 대해 철학이 답을 주어야 한다고 주장한다.

4) 이러한 실천적이고 정치철학적인 사유가 후설의 사상, 특히 그의 후기사상에 스며들어가 있다는 점은 최근의 연구를 통해 점차 밝혀지고 있다. 이와 연관된 국내의 연구로는 반성택, 「후설 현상학의 실천철학적 성격」, 『인문과학연구』, 제3집, 서경대학교 인문과학연구소, 1999.; 이남인, 「실천철학으로서의 현상학」, 『사회철학대계 5』, 민음사, 1998.; 이종훈, 「후설 현상학의 실천철학적 의미」, 『철학과 현상학 연구』 제7집, 『현상학과 실천철학』, 한국현상학회, 1993.; 졸저, 『기술시대와 현상학 −실천철학으로서의 현상학의 가능성』, 경희대학교 출판국, 2005. 참조.

5) H. Spiegelberg, 최경호, 박인철 역, 앞의 책, 1991, p.68.

6) 같은 책, p.84.

7) 이와 관련해서는 한전숙, 『현상학』, 민음사, 1996, pp.83~88 참조.

8) '현상학'이라는 용어의 개념사에 대한 보다 상세한 고찰은 H. Spiegelberg, 최경호, 박인철 역, 앞의 책, pp.43~55 참조.

9) A. Diemer, 조주환, 김영필 역, *Edmund Husserl. Versuch einer systematischen Darstellung seiner Phänomenologie*, 『에드문트 후설 −그의 현상학에 대한 체계적 설명』, 이문출판사, 1990, p.43.

10) 이런 의미에서 후설은 "자연적인 객관적인 태도"(『위기』, p.183) 혹은 "자연적 인간지성과 이 속에 빠져있는 객관주의"(『위기』, p.204)라는 표현을 쓰며, 헬트는 객관주의를 "제 2의 자연적 태도(K. Held, "Husserls neue Einführung in die Philosophie: der Begriff der

115

Lebenswelt", in: *Lebenswelt und Wissenschaft*, Bonn, 1991, p.96)"라고 부른다.

11) K. Held, "Husserls neue Einführung in die Philosophie: der Begriff der Lebenswelt", in: *Lebenswelt und Wissenschaft*, Bonn, 1991, pp.95~96 참조.

12) 그러므로 후설은 한편으로 "자연적 삶은 근원적으로, 처음에는 전적으로 필연적으로 세계에로의 몰입, 세계에 빠져있음이라는 양태로 이루어진다(『제일철학 Ⅱ』, p.121)."고 말한다.

13) 후설에서 'transzendental'을 어떻게 한국어로 번역할 것인가에 대해 많은 논란이 있다. 필자는 과거에 이를 '선험적'으로 번역했다. 그러나 여기서는 인식의 가능근거로서의 주관의 구성기능과 이것이 지닌 초월적인 성격을 근거로 '초월론적'으로 번역하자는 이남인의 제안을 받아들여 'transzendental'을 '초월론적'으로 번역하기로 한다. 이남인의 지적에 따르면, '초월론적'이라는 번역어의 장점은 초월론적 주관성의 핵심적 기능인 구성의 의미를 잘 살릴 수 있다는 점에 있다. 구성이란 직접적으로 주어진 것을 넘어서 보다 높은 단계의 초월적인 것(die Transzendenz), 즉 하나의 대상을 형성하고 이것에로 초월해 가는 작용이라는 점에서 초월성의 의미가 강하게 들어가 있다.(이남인, 『현상학과 해석학』, 서울대학교 출판부, 2004, pp.330~332 참조) 후설의 'transzendental' 용어 번역과 관련한 그 밖의 글로는 여종현, 「칸트의 코페르니쿠스적 전환의 초월현상학적 독해 ―초월철학의 초월적 해명」, 『칸트연구』 28집, 한국칸트학회, 2011.; 원승룡, 「되씹어보는 a priori와 transzendental」, 『철학과 현상학 연구』 제13집, 『문화와 생활세계』, 한국현상학회, 1999.; 한전숙, 「현상학에 있어서 선험성의 문제」, 『현상학의 이해』, 민음사, 1984. 참조.

14) 후설의 제자이자 조교로서 후설과 가까웠던 핑크는 현상학의 근본 물음은 '세계의 근원에 대한 물음'이라고 본다. E. Fink, *Studien zur Phänomenologie*, 1930~1939, Den Haag, 1966, pp.101~102 참조.

15) 한전숙, 『현상학』, 민음사, 1996, pp.119~124, 특히 p.120 참조.

16) 졸고, 「현상학의 학문성과 지평성 ―후설 후기 철학을 중심으로」, 『철학연구』 제53집, 철학연구회, 2001, p.243 참조.

17) K. Held, *Die phänomenologische Methode. Ausgewählte Texte I*, Stuttgart, 1985, p.29.; 졸고, 「현상학의 학문성과 지평성 ―후설 후기 철학을 중

심으로」,『철학연구』제53집, 철학연구회, 2001, pp.239~242 참조.

18)『이념들 Ⅰ』, p.140 참조. 한전숙은 초월론적 주관성의 절대성을 "첫째로 절대 명증적이라는 점에서 절대적 존재이며, 둘째로 모든 존재의 궁극적인 구성근거라는 점에서 절대적 존재이며, 셋째로 그 존재를 위해서 자기 이외의 어떠한 것에도 의존하지 않는다는 점에서 절대적 존재(한전숙,『현상학』, 민음사, 1996, p.186)"라고 세 가지 측면에서 해석하고 있다. 후설에서 초월론적 의식의 절대성과 세계의 상대성에 대한 보다 상세한 논의는 R. Sokolowski, 최경호 역, *The Formation of Husserl's Concept of Constitution*,『현상학적 구성이란 무엇인가』, 이론과 실천, 1992, pp.191~203 참조.

19) K. Held, "Husserls Rückgang auf das phainómenon und die geschichtliche Stellung der Phänomenologie", in: *Phänomenologische Forschungen 10*, Freiburg, 1980, pp.100~101 참조.

20) 지향적 작용으로서의 이러한 '파악'과 '통각'에 대한 보다 상세한 설명은 한전숙,『현상학』, 민음사, 1996, pp.96~101 참조.

21) 헬트(K. Held)가 이러한 경향의 대표자이며, 한전숙 또한 초월론적 현상학과는 별개로 이른바 '생활세계적 현상학'을 하나의 독립된 체계 내지 초월론적 현상학의 비판적 대안으로 해석하고 있다.

22) 현상학의 탐구영역이 이러한 '중간영역'이어야 한다는 주장과 관련해서는 E. Tugendhat, *Der Wahrheitsbegriff bei Husserl und Heidegger*, Berlin, 1970, pp.183~184 참조.

23) 이남인,『현상학과 해석학』, 서울대학교 출판부, 2004, pp.302~303 참조.

24) K. Held, "Horizont und Gewohnheit. Husserls Wissenschaft von der Lebenswelt", in: *Krise der Wissenschaften - Wissenschaft der Krisis?*, Frankfurt am Main, 1998, p.14 이하; 졸고,「현상학의 학문성과 지평성 -후설 후기 철학을 중심으로」,『철학연구』제53집, 철학연구회, 2001, pp.239~240 참조.

25) 이에 대한 상세한 설명은 K. Held, "Husserls neue Einführung in die Philosophie: der Begriff der Lebenswelt", in: *Lebenswelt und Wissenschaft*, Bonn, 1991, pp.93~94 참조.

26) 헬트는 후설이 생활세계를 의식의 지향적 상관자로서 구성된 것으로

보는 한, 이는 불가피하게 생활세계의 대상화에 이르며, 이로써 생활세계의 지평성은 상실될 수밖에 없다고 비판한다. K. Held, "Heidegger und das Prinzip der Phänomenologie", in: *Heidegger und praktische Philosophie*, Frankfurt am Main, 1988, pp.118~123 참조.

27) 비대상화적인 지향성으로서의 '지평지향성'에 대한 상세한 내용은 이남인, 『현상학과 해석학』, 서울대학교 출판부, 2004, pp.298~311 참조.

28) 후설의 '생활세계적 아프리오리'에 대한 자세한 논의는 졸고, 「생활세계적 아프리오리와 문화의 현상학」, 『철학연구』, 제57집, 철학연구회, 2002. 참조.

29) G. Brand, *Die Lebenswelt*, Berlin, 1971, pp.49~55 참조.

30) H. Spiegelberg, 최경호, 박인철 역, 앞의 책, p.188 참조.

31) 이남인, 『후설의 현상학과 현대철학』, 풀빛미디어, 2006, pp.57~102.; 졸고, 「상호문화성과 윤리 -후설 현상학을 중심으로」, 『철학』 제103집, 한국철학회, 2010, pp.138~144 참조.

32) 이러한 후설의 전체론적, 유기체적 세계관에 대한 자세한 고찰은 졸고, 「현상학적 사회이론 -개인과 사회와의 관계에 대한 후설의 논의를 중심으로」, 『철학연구』 제59집, 철학연구회, 2002. 참조. 이 책에서 후설의 모나드 공동체에 대한 서술은 주로 이 글에 근거를 두고 있다.

33) 후설에서 본능과 상호주관성과의 관계에 대한 연구는 이남인, 「본능적 지향성과 상호 주관적 생활세계의 구성」, 『철학과 현상학 연구』 제7집, 『현상학과 실천철학』, 한국현상학회, 1993. 참조.

34) 후설의 '사랑의 공동체' 개념에 대한 보다 자세한 내용은 졸고, 「포용과 책임: 사랑의 공동체에 대한 현상학적 고찰」, 『철학과 현상학 연구』 제18집, 『보살핌의 현상학』, 한국현상학회, 2002. 참조.

35) 슈만은 후설의 사랑의 공동체를 "모나드적 삶의 최상의 형식"이자 "모나드적 진화의 최종 목적(K. Schuhmann, *Husserls Staatsphilosophie*, Freiburg/München, 1988, p.78)"으로, 로트는 "삶의 최고의 형식(A. Roth, 이길우 역, *Edmund Husserls ethishce Untersucuhungen*, 『후설의 윤리연구』, 세화, 1991, p.239)"으로 간주한다.

36) 후설 유고, Ms. F Ⅰ 24, 114, A. Roth, 이길우 역, 앞의 책, pp.239~240에서 재인용.

37) 후설 유고, Ms. F Ⅰ 24, 154, 같은 책, p.241에서 재인용.

참고문헌

1. 후설의 저서 – 후설의 저서에 대한 약호는 『현상학』, 한전숙, 민음사, 1996, pp.307~311에 수록된 약호를 따랐다.

『성찰』: *Cartesianische Meditationen und Pariser Vorträge*, Den Haag, 1950. (후설전집 Ⅰ)

『이념들 Ⅰ』: *Ideen zu einer reinen Phänomenologie und phänomenologischen Philosophie. Erstes Buch*, Den Haag, 1950. (후설전집 Ⅲ)

『이념들 Ⅲ』: *Ideen zu einer reinen Phänomenologie und phänomenologischen Philosophie. Drittes Buch*, Den Haag, 1952. (후설전집 Ⅴ)

『위기』: *Die Krisis der europäischen Wissenschaften und die transzendentale Phänomenologie*, Den Haag, 1976. (후설전집 Ⅵ)

『제일철학 Ⅱ』: *Erste Philosophie (1923/1924). Zweiter Teil*, Den Haag, 1959. (후설전집 Ⅷ)

『심리학』: *Phänomenologische Psychologie*, Den Haag, 1952. (후설전집 Ⅸ)

『상호주관성 Ⅱ』: *Zur Phänomenologie der Intersubjektivität. Zweiter Teil. 1921-1928*, Den Haag, 1973. (후설전집 ⅩⅥ)

『상호주관성 Ⅲ』: *Zur Phänomenologie der Intersubjektivität. Dritter Teil. 1929-1935*, Den Haag, 1973. (후설전집 ⅩⅤ)

『논리연구 Ⅰ』: *Logische Untersuchungen. Erster Band*, Den Haag, 1975. (후설전집 ⅩⅧ)

『논리연구 Ⅱ/1』: *Logische Untersuchungen. Zweiter Band. Erster Teil*, Den Haag, 1984. (후설전집 ⅩⅨ/1)

『인식론』: *Einleitung in die Logik und Erkenntnistheorie*, Dordrecht, 1984. (후설전집 ⅩⅩⅣ)

『위기보충』: *Die Krisis der europäischen Wissenschaften und die transzendentale Phänomenologie. Ergänzungsband,* Dordrecht, 1993. (후설전집 ⅩⅩⅨ)

『경험과 판단』: *Erfahrung und Urteil*, Hamburg, 1972.

2. 2차 문헌

박인철, 「현상학의 학문성과 지평성 -후설 후기 철학을 중심으로」, 『철학연구』 제53집, 철학연구회, 2001.

_____, 「포용과 책임: 사랑의 공동체에 대한 현상학적 고찰」, 『철학과 현상학 연구』 제18집, 『보살핌의 현상학』, 한국현상학회, 2002.

_____, 「생활세계적 아프리오리와 문화의 현상학」, 『철학연구』, 제57집, 철학연구회, 2002.

_____, 「현상학적 사회이론 -개인과 사회와의 관계에 대한 후설의 논의를 중심으로」, 『철학연구』 제59집, 철학연구회, 2002.

_____, 『기술시대와 현상학 -실천철학으로서의 현상학의 가능성』, 경희대학교 출판국, 2005.

_____, 「상호문화성과 윤리 -후설 현상학을 중심으로」, 『철학』 제103집, 한국철학회, 2010.

반성택, 「후설 현상학의 실천철학적 성격」, 『인문과학연구』 제3집, 서경대학교 인문과학연구소, 1999.

여종현, 「칸트의 코페르니쿠스적 전환의 초월현상학적 독해 -초월철학의 초월적 해명」, 『칸트연구』 28집, 한국칸트학회, 2011.

원승룡, 「되씹어보는 a priori와 transzendental」, 『철학과 현상학 연구』 제13집, 『문화와 생활세계』, 한국현상학회, 1999.

이남인, 「본능적 지향성과 상호 주관적 생활세계의 구성」, 『철학과 현상학 연구』 제7집, 『현상학과 실천철학』, 한국현상학회, 1993.

_____, 「실천철학으로서의 현상학」, 『사회철학대계 5』, 민음사, 1998.

_____, 『현상학과 해석학』, 서울대학교 출판부, 2004.

_____, 『후설의 현상학과 현대철학』, 풀빛미디어, 2006.

이종훈, 「후설 현상학의 실천철학적 의미」, 『철학과 현상학 연구』 제7집, 『현상학과 실천철학』, 한국현상학회, 1993.

한전숙, 「현상학에 있어서 선험성의 문제」, 『현상학의 이해』, 민음사, 1984.

_____, 『현상학』, 민음사, 1996.

G. Brand, *Die Lebenswelt*, Berlin, 1971.

A. Diemer, 조주환, 김영필 역, *Edmund Husserl. Versuch einer systematischen Darstellung seiner Phänomenologie*, 『에드문드 후설 -그의 현상학에 대한 체계적 설명』, 이문출판사, 1990.

E. Fink, *Studien zur Phänomenologie. 1930-1939*, Den Haag, 1966.

K. Held, "Husserls Rückgang auf das phainómenon und die geschichtliche Stellung der Phänomenologie", in: *Phänomenologische Forschungen 10*, Freiburg, 1980,

_____, *Die phänomenologische Methode. Ausgewählte Texte I*, Stuttgart, 1985.

_____, "Heidegger und das Prinzip der Phänomenologie", in: *Heidegger und praktische Philosophie*, Frankfurt am Main, 1988.

_____, "Husserls neue Einführung in die Philosophie: der Begriff der Lebenswelt", in: *Lebenswelt und Wissenschaft*, Bonn, 1991.

_____, "Horizont und Gewohnheit. Husserls Wissenschaft von der Lebenswelt", in: *Krise der Wissenschaften - Wissenschaft der Krisis?*, Frankfurt am Main, 1998.

B. Lübbe, "Die geschichtliche Bedeutung der Subjektivitätstheorie Edmund Husserls", in: *Bewußtsein in Geschichten*, Freiburg, 1972.

A. Roth, 이길우 역, *Edmund Husserls ethishce Untersucuhungen*, 『후설의 윤리 연구』, 세화, 1991.

K. Schuhmann, *Husserls Staatsphilosophie*, Freiburg/München, 1988.

R. Sokolowski, 최경호 역, *The Formation of Husserl's Concept of Constitution*, 『현상학적 구성이란 무엇인가』, 이론과 실천, 1992.

H. Spiegelberg, 최경호, 박인철 역, *The Phenomenological Movement*, 『현상학적 운동 I』, 이론과 실천, 1991.

E. Tugendhat, *Der Wahrheitsbegriff bei Husserl und Heidegger*, Berlin, 1970.

프랑스엔 〈크세주〉, 일본엔 〈이와나미 문고〉, 한국에는 〈살림지식총서〉가 있습니다.

에드문트 후설 엄밀한 학문성에 의한 철학의 개혁

펴낸날	초판 1쇄 2013년 12월 30일
	초판 2쇄 2020년 1월 30일
지은이	**박인철**
펴낸이	**심만수**
펴낸곳	**(주)살림출판사**
출판등록	1989년 11월 1일 제9-210호
주소	경기도 파주시 문발동 522-1
전화	031-955-1350 팩스 031-624-1356
홈페이지	http://www.sallimbooks.com
이메일	book@sallimbooks.com
ISBN	978-89-522-2810-9 04080
	978-89-522-0096-9 04080 (세트)

※ 값은 뒤표지에 있습니다.
※ 잘못 만들어진 책은 구입하신 서점에서 바꾸어 드립니다.

이 도서의 국립중앙도서관 출판시도서목록(CIP)은 서지정보유통지원시스템 홈페이지
(http://seoji.nl.go.kr)와 국가자료공동목록시스템(http://www.nl.go.kr/kolisnet)에서
이용하실 수 있습니다.(CIP제어번호: CIP2013028135)

026 미셸 푸코　　eBook

양운덕(고려대 철학연구소 연구교수)

더 이상 우리에게 낯설지 않지만, 그렇다고 손쉽게 다가가기엔 부담스러운 푸코라는 철학자를 '권력'이라는 열쇠를 가지고 우리에게 열어 보여 주는 책. 권력은 어떻게 작용하는가에서 논의를 시작하여 관계망 속에서의 권력과 창조적 · 생산적 · 긍정적인 힘으로서의 권력을 이야기해 준다.

027 포스트모더니즘에 대한 성찰　　eBook

신승환(가톨릭대 철학과 교수)

포스트모더니즘의 역사와 논의를 차분히 성찰하고, 더 나아가 서구의 근대를 수용하고 변용시킨 우리의 탈근대가 어떠한 맥락에서 이해되는지를 밝힌 책. 저자는 오늘날 포스트모더니즘으로 대변되는 탈근대적 문화와 철학운동은 보편주의와 중심주의, 전체주의와 이성 중심주의에 대한 거부이며, 지금은 이 유행성의 뿌리를 성찰해 볼 때라고 주장한다.

202 프로이트와 종교　　eBook

권수영(연세대 기독상담센터 소장)

프로이트는 20세기를 대표할 만한 사상가이지만, 여전히 적지 않은 논란과 의심의 눈초리를 받고 있다. 게다가 신에 대한 믿음을 빼앗아버렸다며 종교인들은 프로이트를 용서하지 않을 기세이다. 기독교 신학자인 저자는 이 책을 통해 종교인들에게 프로이트가 여전히 유효하며, 그를 통하여 신앙이 더 건강해질 수 있다는 점을 보여 주려 한다.

427 시대의 지성 노암 촘스키　　eBook

임기대(배재대 연구교수)

저자는 노암 촘스키를 평가함에 있어 언어학자와 진보 지식인 중 어느 한 쪽의 면모만을 따로 떼어 이야기하는 것은 불합리하다고 말한다. 이 책에서는 촘스키의 가장 핵심적인 언어이론과 그의 정치비평 중 주목할 만한 대목들이 함께 논의된다. 저자는 촘스키 이론과 사상의 본질에 다가가기 위한 이러한 시도가 나아가 서구 사상을 받아들이는 우리의 자세와도 연결된다고 믿고 있다.

024 이 땅에서 우리말로 철학하기

이기상(한국외대 철학과 교수)

우리말을 가지고 우리의 사유를 펼치고 있는 이기상 교수의 새로운 사유 제안서. 일상과 학문, 실천과 이론이 분리되어 있는 '궁핍의 시대'에 사는 우리에게 생활세계를 서양학문의 식민지화로부터 해방시키고, 서양이론의 중독으로부터 벗어나야 한다고 역설한다. 저자는 인간 중심에서 생명 중심으로의 변환과 관계론적인 세계관을 담고 있는 '사이 존재'를 제안한다.

025 중세는 정말 암흑기였나   eBook

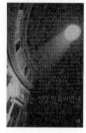

이경재(백석대 기독교철학과 교수)

중세에 대한 친절한 입문서. 신과 인간에 대한 중세인의 의식을 다루고 있는 이 책은 어떻게 중세가 암흑시대라는 일반적인 인식을 가지게 되었는지에 대한 물음을 추적한다. 중세는 비합리적인 세계인가, 중세인의 신앙과 이성은 어떠한 관계를 갖고 있는가 등에 대한 논의를 하고 있다.

065 중국적 사유의 원형   eBook

박정근(한국외대 철학과 교수)

중국 사상의 두 뿌리인 『주역』과 『중용』을 철학적 관점에서 접근한다. '산다는 것은 무엇인가?'라는 근원적 질문으로부터 자생한 큰 흐름이 유가와 도가인데, 이 두 사유의 흐름을 거슬러 올라가다 보면 그 둘이 하나로 합쳐지는 원류를 만나게 된다. 저자는 『주역』과 『중용』에 담겨 있는 지혜야말로 중국인의 사유세계를 지배하는 원류라고 말한다.

076 피에르 부르디외와 한국사회   eBook

홍성민(동아대 정치외교학과 교수)

부르디외의 삶과 저작들을 통해 그의 사상을 쉽게 소개해 주고 이를 통해 한국사회의 변화를 호소하는 책. 저자는 부르디외가 인간의 행동이 엄격한 합리성과 계산을 근거로 행해지기보다는 일정한 기억과 습관, 그리고 사회적 전통에 영향을 받는다는 사실로부터 시작한다는 점을 강조한다.

096 철학으로 보는 문화   `eBook`

신응철(숭실대 인문과학연구소 연구교수)

문화와 문화철학 연구에 관심 있는 사람을 위한 길라잡이로 구상된 책. 비교적 최근에 분과학문으로 등장하기 시작한 문화철학의 논의에 반드시 들어가야 할 요소를 선택하여 제시하고, 그 핵심 내용을 제공한다. 칸트, 카시러, 반 퍼슨, 에드워드 홀, 에드워드 사이드, 새무얼 헌팅턴, 수전 손택 등의 철학자들의 문화론이 소개된다.

097 장 폴 사르트르   `eBook`

변광배(프랑스인문학연구모임 '시지프' 대표)

'타자'는 현대 사상에 있어 가장 중요한 개념 중 하나이다. 근대가 '자아'에 주목했다면 현대, 즉 탈근대는 '자아'의 소멸 혹은 자아의 허구성을 발견함으로써 오히려 '타자'에 관심을 갖게 되었다. 그리고 타자이론의 중심에는 사르트르가 있다. 사르트르의 시선과 타자론을 중점적으로 소개한 책.

135 주역과 운명   `eBook`

심의용(숭실대 강사)

주역에 대한 해설을 통해 사람들의 우환과 근심, 삶과 운명에 대한 우리의 자세를 말해 주는 책. 저자는 난해한 철학적 분석이나 독해의 문제로 우리를 데리고 가는 것이 아니라 공자, 백이, 안연, 자로, 한신 등 중국의 여러 사상가들의 사례를 통해 우리네 삶을 반추하는 방식을 취한다.

450 희망이 된 인문학   `eBook`

김호연(한양대 기초 · 융합교육원 교수)

삶 속에서 배우는 앎이야말로 인간의 운명을 바꿀 수 있는 기회를 준다. 그래서 삶이 곧 앎이고, 앎이 곧 삶이 되는 공부를 하는 것이 무엇보다 중요하다. 저자는 인문학이야말로 앎과 삶이 결합된 공부를 도울 수 있고, 모든 이들이 이 공부를 할 수 있어야 한다고 믿는다. 특히 '관계와 소통'에 초점을 맞춘 인문학의 실용적 가치, '인문학교'를 통한 실제 실천사례가 눈길을 끈다.

eBook 표시가 되어있는 도서는 전자책으로 구매가 가능합니다.

㈜살림출판사
www.sallimbooks.com
주소 경기도 파주시 문발동 522-1 | 전화 031-955-1350 | 팩스 031-955-1355